THÈSE

POUR

LE DOCTORAT.

A MA GRAND'MÈRE.

A MON PÈRE ET A MA MÈRE.

A MON BEAU-PÈRE ET A MA BELLE-MÈRE.

A MA FEMME.

Faculté de Droit.

THÈSE POUR LE DOCTORAT.

DE LA GARANTIE

EN MATIÈRE DE VENTE ET DE PARTAGE

EN DROIT ROMAIN ET EN DROIT FRANÇAIS.

Cette Thèse sera soutenue le 14 novembre 1863, à deux heures,

PAR

M. René BRICE, Avocat,

Né à Rennes (Ille-et-Vilaine), le 23 juin 1839.

SUFFRAGANTS :

MM. BIDARD, Doyen; HUE, LEPOITVIN, DE CAQUERAY, BODIN, Professeurs.

RENNES,

OBERTHUR, IMPRIMEUR DE L'ACADÉMIE.

1863.

DROIT ROMAIN.

De la Garantie en matière de Vente.

CHAPITRE PREMIER.

I. — *Le vendeur, en droit romain, doit* præstare auctoritatem, *garantir à l'acheteur la possession paisible
de la chose vendue.*

II. — *Cette obligation de garantie n'est point de l'essence du contrat, mais seulement de sa nature.*

III. — De la stipulatio duplæ. — *Des différentes cautions qui pouvaient intervenir au contrat.*

I. — En droit romain, la vente est un contrat consensuel
par lequel le vendeur prend l'engagement de livrer
à l'acheteur, moyennant le paiement d'un prix déterminé,
la possession paisible de la chose vendue.

Cette définition suffit à elle seule pour démontrer que,
si le premier devoir du vendeur est de livrer l'objet de la
vente, là ne se bornent pas ses obligations.

Sans doute, la tradition met bien la chose même à la
libre disposition de l'acheteur; mais des événements nombreux peuvent le troubler dans sa possession. Or, ce que
le vendeur lui a promis, c'est non seulement de lui livrer
l'objet vendu, mais de lui en assurer la possession stable,

paisible, sans laquelle il n'a point rempli ses promesses ni tenu son engagement.

La loi romaine, dans ces circonstances, devait évidemment protéger l'acheteur, le mettre à l'abri de l'imprudence ou de la mauvaise foi du vendeur.

Aussi admit-elle que le vendeur devait *prœstaré auctoritatem, prœstare emptori quanti ejus interest hominem venditoris fuisse* (1); c'est-à-dire garantir l'acheteur contre tous troubles, l'indemniser au cas d'éviction.

Avant d'entrer dans l'examen des dangers qui peuvent, à un moment donné, menacer l'acquéreur, une distinction doit être faite entre celui qui a traité avec le fisc et celui qui a traité avec un simple particulier. — Le premier, à l'époque de Justinien, ne peut jamais être inquiété, sauf dans une hypothèse déterminée, dans laquelle il doit nécessairement subir une situation qu'il est censé avoir acceptée : si les biens qu'il a achetés du fisc sont des biens pris sur l'ennemi, il est possible qu'il en soit dépouillé, car il est possible qu'à la paix ils soient rendus au précédent propriétaire et il n'est point admis à se plaindre; il connaissait sans doute l'*alea* auquel son droit de propriété était soumis et il a acheté plutôt l'espérance plus ou moins vague de conserver ces fonds que ces fonds eux-mêmes. — Du reste, s'il a revendu à un second acheteur, celui-ci n'aura pas non plus de recours contre lui; d'après la situation des lieux, il a dû comprendre quelles étaient leur nature et leur origine.

Dans tous les autres cas, l'acheteur des biens du fisc est certain de n'être point inquiété. Tout d'abord, en effet, une constitution de Marc-Aurèle a décidé que quiconque

______

(1) Loi 8, de Evictionibus, D., liv. 21, tit. 2.

aurait acheté du fisc la chose d'autrui pourrait repousser le véritable propriétaire après cinq années de possession. Bientôt, il a été décrété par l'empereur Zénon que les acheteurs ou donataires du fisc deviendraient immédiatement propriétaires des biens vendus ou donnés, sauf au propriétaire dépouillé à agir contre le fisc dans le délai de quatre ans. Justinien a complétement reproduit cette dernière disposition (1).

Le second, avant Justinien, est aussi à l'abri de toute éviction si, ayant juste titre et bonne foi, il a possédé pendant un an le meuble, pendant deux ans l'immeuble qu'il a entendu acquérir; s'il s'agit de fonds provinciaux, il peut repousser le revendiquant par la *prœscriptio longi temporis*, s'il les a possédés pendant dix ou vingt ans, suivant que celui-ci était présent ou absent. — Sous Justinien, il ne peut être en sécurité qu'autant que sa possession a, au moins, trois ans de date pour les meubles, dix ou vingt ans pour les immeubles. — Il n'est pas même nécessaire qu'il ait possédé par lui-même; il lui est permis de joindre à sa possession la possession de son auteur.

Ainsi donc, en résumé, différence entre l'acheteur tenant ses droits du fisc et celui qui les tient d'un simple particulier. L'un, en principe, peut être évincé pendant cinq ans jusqu'à Zénon, et, depuis, reçoit, au moment même de la tradition, l'assurance d'une tranquillité parfaite. L'autre, selon les circonstances, peut, après un, deux, dix ou vingt ans avant Justinien; après trois, dix ou vingt ans à l'époque postérieure à Justinien, triompher de toute demande formée contre lui.

____

(1) V. Institutes, liv. 2, tit. 6, § 14.

Jusqu'au moment où l'usucapion ou bien la prescription de long temps lui est acquise, l'acheteur est exposé aux poursuites des tiers et peut agir en garantie contre le vendeur.

II. — Cette obligation de garantie n'est pas toutefois de l'essence de la vente ; elle est seulement de sa nature, c'est-à-dire qu'elle existe indépendamment de toute stipulation, mais qu'il est permis de s'y soustraire par une convention particulière, ou de l'aggraver (1).

Bien plus, ce seul fait que l'acheteur a connu, au moment de la vente, le danger de l'éviction équivaut à stipulation de non garantie ; peu importe que le danger lui ait été dénoncé ou qu'il en ait eu connaissance même indirectement (2).

Cependant, si l'acheteur est évincé, il a le droit, alors même qu'il a été convenu que le vendeur ne serait pas tenu à garantie, de réclamer le prix qu'il a payé, à moins qu'il résulte bien clairement de l'intention commune des contractants qu'il a entendu prendre à sa charge les chances bonnes ou mauvaises. Ainsi, si l'on achète d'un pêcheur le coup de filet qu'il va donner, d'un chasseur l'animal dont il espère se rendre maître, l'acquéreur s'en est rapporté à l'adresse de son vendeur, et quelle que soit, en fait, l'importance de l'objet vendu, lui a abandonné, en tous cas, le prix arrêté (3).

Enfin, quelle qu'ait été la stipulation intervenue, le vendeur demeure toujours tenu de ses faits personnels.

(1) Lois 37, 69, Pr., 74, § 3, de Evictionibus.

(2) Loi 27, Code, de Evictionibus, liv. 8, tit. 45.

(3) Loi 11, § 18, de Act. empti et venditi, D., liv. 19, tit. 1.

III. — Dans les premiers temps de la législation romaine, la vente était un contrat réel parfait par la tradition seulement ; c'est à cette époque sans doute que naquit la *stipulatio duplæ*. Lorsque les parties voulaient sanctionner une promesse de vente, lorsqu'un acheteur n'avait point suffisamment confiance en la bonne foi de son vendeur, il intervenait, lors du contrat, une stipulation par laquelle le vendeur promettait à l'acheteur de lui compter, s'il était évincé, deux fois l'importance du prix de vente. C'était la *stipulatio duplæ* qui, dès lors qu'elle fut introduite dans le droit romain, continua à se produire même après que la vente fût devenue un contrat consensuel.

Bientôt il ne se passa plus de contrat sans que cette stipulation eût lieu. Enfin, elle devint d'un usage tellement général qu'on la suppléa là où elle n'avait point été faite, et ses effets furent considérés comme les effets naturels de toute vente consentie, d'après cette règle : « *Ea quæ sunt moris et consuetudinis in bonæ fidei judiciis debent venire* (1). »

Souvent le vendeur, pour donner une force nouvelle et plus grande à son obligation, fournissait à l'acheteur une ou plusieurs cautions.

Cette dation de cautions n'était point ordinairement une conséquence nécessaire de la *stipulatio duplæ*, mais une sûreté complétement indépendante (2).

La caution n'était tenue que de l'espèce même d'éviction relativement à laquelle son intervention avait été exigée ; elle était tenue comme le vendeur lui-même, si elle avait déclaré se porter garant de tous troubles généralement quelconques.

(1) Loi 31, § 20, de Ædilitio edicto, D., liv. 21, t. 1.
(2) Lois 37, 56, de Evict., D., liv. 21, t. 2.

Pouvaient indistinctement cautionner le vendeur des *sponsores*, des *fidepromissores*, des *fidejussores*. — Les deux premiers, soumis aux règles du droit civil strict, pouvaient évidemment être parties à une stipulation; bien plus, c'était là le seul contrat auquel il leur fût permis d'accéder; les derniers le pouvaient aussi sans aucun doute, car leur institution, liée intimement avec le droit des gens, leur permettait de se joindre à tous contrats : *re*, *verbis*, *litteris* ou *consensu*, ou plus généralement à toutes obligations civiles ou naturelles (1). — Plusieurs différences, qu'il importe de rappeler ici, existaient néanmoins entre eux : 1° les *sponsores* et sans aucun doute aussi les *fidepromissores* devaient cautionner le vendeur au moment même de la vente; les *fidejussores* s'engageaient valablement à toute époque, après comme avant le contrat; avant le contrat comme au moment de sa naissance; — 2° l'engagement des premiers était personnel; l'engagement des seconds était perpétuel et passait à leurs héritiers; — 3° si tous étaient tenus *in solidum* primitivement, les principes qui les régissaient ont été modifiés par des lois différentes. — L'an 652 de Rome, la loi Apuleia; l'an 659, la loi Furia réglementent à nouveau la *sponsio* et la *fidepromissio;* quant à la *fidejussio*, elle profite de bénéfices successivement introduits par une jurisprudence favorable, par l'empereur Adrien, puis par Justinien. — La loi *Apuleia* permit aux *sponsores* ou *fidepromissores*, qui avaient payé et n'étaient point remboursés, d'agir contre chacun des autres *sponsores* ou *fidepromissores* pour leur part virile; — la loi *Furia*, applicable seulement à l'Italie, divisa de plein droit la dette entre eux et ré-

(1) V. Gaius, Comm. III, § 119.

duisit à deux années la durée de léur engagemént. — La jurisprudence permit aux *fidejussores* poursuivis d'exiger du demandeur la cession de ses actions, en lui opposant l'exception *cedendarum actionum*. Adrien les autorisa à forcer le créancier à diviser son action entre eux et toutes les autres cautions solvables de la même dette. — Enfin, Justinien généralisa une institution qui n'était en vigueur que pour les débiteurs du fisc : Dioclétien avait décidé que le fisc, avant d'inquiéter les cautions de son débiteur, devait tout d'abord s'adresser directement à celui-ci ; Justinien déclara que les *fidejussores* poursuivis pourraient toujours contraindre le créancier à discuter les biens du débiteur principal.

Sous Justinien, les *sponsores* et les *fidepromissores* ont disparu de la législation romaine ; les *fidejussores* seuls subsistent.

D'après ce qui précède, nous voyons donc que l'acheteur a de plein droit recours en garantie contre le vendeur ; que la *stipulatio duplæ*, fréquente d'abord, bientôt générale, est suppléée enfin dans tous les contrats de vente ; que des cautions peuvent accéder au contrat de vente pour fortifier l'obligation de garantie.

CHAPITRE II.

Des faits nombreux peuvent donner naissance à l'éviction.

I. — *Le vendeur a vendu la chose d'autrui ; il a vendu une chose indivise ; il a vendu une chose donnée en gage ou grevée d'une hypothèque.*

L'éviction peut encore être la suite notamment : de la restitutio in integrum, *de l'exercice de l'action noxale, etc.*

II. — *L'existence sur le fonds vendu* ut optimus maximusque *d'une servitude non déclarée à l'acheteur, ou la privation d'un droit promis constitue aussi une sorte d'éviction.*

I. — Nous pouvons maintenant rentrer complétement dans notre sujet; rechercher : 1° ce qu'est l'éviction proprement dite et quand elle se produit ; 2° quelles sont les actions auxquelles elle donne naissance ; 3° quelle est l'étendue de l'action en garantie.

Des faits variés et multiples peuvent donner naissance à l'éviction ; nous examinerons sept hypothèses, parmi lesquelles il en est trois surtout qui se présentent fréquemment ; il arrive souvent : 1° que le vendeur vend la chose d'autrui ; 2° qu'il vend une chose indivise ; 3° qu'il vend une chose donnée en gage ou grevée d'une hypothèque.

1° *Vente de la chose d'autrui.* — Le vendeur vend la chose d'autrui, la vente est parfaitement valable. Il n'est pas douteux, dit Ulpien, que l'on peut vendre valablement la chose d'autrui, dès que les parties sont d'accord sur l'objet vendu ; seulement la chose peut être enlevée à l'acheteur (1) ; il est possible que le véritable propriétaire revendique son bien indûment aliéné et que l'acheteur ne puisse retenir ce qu'il a acquis. S'il en est ainsi, il est incontestable que le vendeur n'a point rempli cette obligation, aux termes de laquelle il devait procurer à l'acheteur une possession paisible et exempte de troubles, et

(1) Loi 28, de Contrahenda emptione, D., liv. 18, tit. 1.

l'acheteur a alors recours contre lui. Il est même un cas où l'acheteur peut agir contre son vendeur avant d'avoir subi aucun trouble, c'est lorsque le vendeur a été de mauvaise foi; la mauvaise foi du vendeur autorise l'acheteur à agir dès que la fraude est découverte (1).

Telle est la règle; mais, si nous lisons la loi 57, D., *de Evictionibus*, nous verrons une hypothèse dans laquelle l'acheteur de la chose d'autrui n'a aucune action contre son vendeur, parce qu'il est certain d'en conserver la possession; elle se produit quand le véritable propriétaire meurt sans héritiers et qu'il est démontré que le fisc ne peut s'emparer de sa succession.

2° *Vente d'une chose indivise*. — Le vendeur a vendu une chose indivise; cette vente, comme la vente de la chose d'autrui, elle aussi, est évidemment valable. Mais, si l'acheteur ne peut être soumis à une revendication totale, car son vendeur avait véritablement des droits sur l'objet vendu, sa position, il faut le dire, n'est guère meilleure. D'un côté il n'aura aux fruits et aux produits de la chose commune qu'il comptait recueillir en totalité qu'un droit proportionnel. Il sera obligé de respecter tous les actes faits par ses copropriétaires sans dol ou fraude et sans opposition de sa part. D'un autre côté, outre la revendication partielle dont il est menacé, il reste sous le coup de ce principe que nul n'est tenu de demeurer dans l'indivision; chaque copropriétaire peut, quand bon lui semble, réclamer le partage; pour cela il lui suffit d'intenter l'action *familiæ erciscundæ;* ou lorsqu'il s'agit d'objets non compris dans un premier partage, l'action *communi dividundo*, si l'objet vendu provient d'une hérédité;

____

(1) Loi 30, § 1, de Actionibus empti et venditi, Dig., liv. 19, tit. 1.

l'action *communi dividundo*, si l'indivision prend sa source dans un autre fait (1). Si donc les copropriétaires de son vendeur veulent provoquer le partage, il n'y aura moyens opposants et force lui sera, sans aucun doute, de recevoir une part seulement du tout qu'il avait cru acheter; peut-être même aucune portion du fonds ne lui sera-t-elle attribuée, car l'arbitre qui n'a d'autre règle à suivre que l'équité et la justice, peut distribuer à son gré les différents objets indivis et donner à chacun ce qui, dans sa pensée, doit le mieux lui convenir; attribuer même le tout à un seul des copartageants. Dès lors, si aucune partie du fonds vendu n'est allouée à son vendeur, ici, comme dans le cas précédent, le vendeur n'a pas tenu sa promesse.

Si le vendeur a vendu non point la chose indivise entière, en la donnant comme sienne, mais telle part déterminée de cette chose, l'acheteur ne sera fondé à se plaindre qu'autant qu'aucune partie du fonds ne lui sera allouée; mais il ne sera point entendu dans ses réclamations, à moins d'une clause expresse, même si on lui délivre une portion autre que celle indiquée au contrat « *quia hæc pars beneficio alterius venditori accessit* (2). »

Enfin, si le vendeur a vendu ses droits sur une chose indivise avec Titius, il faut distinguer : si le fonds est en entier attribué à Titius, il doit seulement à l'acheteur l'indemnité que Titius lui a payée comme prix de sa part; si ce fonds lui est attribué en totalité, il le doit tout entier à l'acheteur, pourvu que celui-ci l'indemnise de ses déboursés vis-à-vis de Titius; mais, obligé de garantir contre

---

(1) Loi 43, Familiæ erciscundæ, D., liv. 10, tit. 2. — Loi 8, Pr., Communi dividundo, D., liv. 10, tit. 3.

(2) Loi 7, § 13, Communi dividundo.

l'éviction, seulement en ce qui concerne la partie prise en considération dans le contrat, il n'est tenu quant à l'autre que du dol et de la fraude.

3° *Vente d'une chose donnée en gage ou en hypothèque.* — Le vendeur a vendu une chose donnée en gage, c'est un autre danger qui menace l'acquéreur. Aux premiers temps de la législation romaine, vendre la chose donnée en gage, c'était, en réalité, vendre la chose d'autrui, parce qu'alors la constitution de gage se faisait en transférant la propriété de l'objet donné en gage au créancier qui, par le contrat de fiducie, promettait de rétrocéder la chose cédée, s'il était payé au jour dit; plus tard, le débiteur ne donna plus au créancier que la possession de la chose qui en faisait l'objet. Plus tard encore, le préteur Servius, inspiré par l'innovation qui avait donné naissance à l'interdit Salvien, permit au colon débiteur de donner au bailleur un gage sur les objets placés dans sa ferme, sans même s'en dessaisir. Enfin, cette institution généralisée demeure, dans la législation romaine, auprès du gage, sous le nom d'hypothèque (1).

Si le vendeur vend un bien donné en gage, le créancier exerce l'action servienne.

Peut-être le créancier vend-il, lui aussi, comme sienne, la chose qu'il possède à titre de gage; le débiteur, remplissant son obligation, a, dans ce cas, une action en revendication contre l'acquéreur qui agit alors en garantie.

L'hypothèque confère au créancier, outre le droit de préférence, le droit de faire vendre la chose à son profit, le droit de suite, c'est-à-dire que le créancier peut saisir la chose affectée à la sûreté de sa créance, en quelques

(1) Inst., liv. 4, t. 6, § 7.

mains qu'elle se trouve ; elle est vendue, il dépouille l'acheteur, il lui enlève cette possession sur laquelle il comptait et qui lui était due (1).

4° L'acheteur a à redouter, en quatrième lieu, les *restitutiones in integrum* : J'ai acheté le fonds Titien de *Seius* qui lui-même, et je le sais, le tient d'un mineur ; ou bien encore, j'ai ignoré l'état du vendeur de *Seius* ; mais *Seius* est insolvable. Le mineur obtient la *restitutio in integrum* ; force me sera de rendre le fonds que j'ai acquis (2) ; je pourrai incontestablement agir contre *Seius* en garantie (3).

5° L'acheteur d'un esclave peut encore souffrir de l'exercice de l'*action noxale.*

On sait ce qu'est cette action : Un esclave a commis un délit ; la victime du délit intente contre le maître l'action ordinaire *ex delicto*, mais noxalement. Une discussion s'est élevée entre les auteurs sur le point de savoir quelle était la nature de la condamnation prononcée par le juge. M. Ducauroy, n° 1257, enseigne que le juge obligeait le maître à l'abandon de l'esclave ; il me semble qu'une autre opinion, adoptée par Zimern, doit prévaloir : le juge prononçait une condamnation pécuniaire, sauf au maître, s'il le trouvait préférable à ses intérêts, à abandonner l'auteur du délit ; il a le choix entre ce dernier parti ou l'exécution de la sentence, jusqu'au moment où on exerce contre lui l'action *judicati* ; c'est ce qui semble résulter de ce texte des Instituts : « *Si maleficiis servorum (veluti si furtum*

______

(1) Justinien, Novelle 4, ch. 2, oblige le créancier à poursuivre les biens de son débiteur, avant de s'adresser au tiers détenteur.

(2) Loi 13, § 1, de Minoribus, xxv annis, D., liv. 4, tit. 4.

(3) Loi 39, D., de Evictionibus.

fecerint aut bona rapuerint, aut damnum dederint, aut injuriam commiserint) noxales actiones proditæ sunt quibus domino damnato permittitur aut litis æstimationem sufferre, aut hominem noxæ dedere » (1). Quoi qu'il en soit, si le maître fait l'abandon, il est bien certain que l'acheteur subit un préjudice et doit en être indemnisé.

6° L'acheteur souffre encore l'éviction, si l'homme aliéné comme esclave parvient à démontrer par une action préjudicielle qu'il est ingénu ou affranchi.

7° Il en est ainsi également si, me vendant un esclave, vous m'affirmez que la liberté lui a été accordée sous telle condition, tandis que c'est à l'accomplissement d'une autre condition que son affranchissement est subordonné, et que l'événement de celle-ci se réalise avant l'événement de la première.

II. — L'obligation de garantie imposée au vendeur protège aussi l'acheteur contre les droits de servitudes réelles ou personnelles grevant l'immeuble qui ne lui ont pas été révélés.

Ainsi, vous m'avez vendu un fonds de terre sans m'avertir que l'usufruit en avait été concédé à un autre; vous m'avez réellement trompé.

Convaincu que le fonds était libre, alors que l'usufruit appartenait à *Attius*, je l'ai cédé à *Mœvius*, en m'en réservant la jouissance, *detracto usufructu* : bientôt *Attius* est *capite minutus*; c'est à *Mœvius* que revient l'usufruit, puisqu'il est propriétaire et que j'étais mal fondé, lors de la vente intervenue entre nous, à me réserver ce dont je

____

(1) Inst., liv. 4, t. 8, Pr.

n'avais point la disposition ; je pourrai poursuivre mon vendeur à raison de l'éviction que j'ai subie (1).

Il en est de même si le fonds est soumis à une servitude que j'ai ignorée : « *Habere enim non licet ēi cui* » *aliquid minuitur ex jure quod habuit,* » pourvu qu'il ait été dit, lors de la vente, que le fonds vendu était libre de toutes charges *ut optimus maximusque,* car, à défaut de cette convention, l'acheteur est censé l'avoir acquis tel qu'il se trouvait et comportait (2).

Ce n'est pas seulement l'acheteur d'un bien corporel qui a justement le droit de se plaindre, le même droit appartient à celui qui a entendu acquérir une servitude dont on ne lui procure pas le bénéfice. Vous me vendez une servitude, vous devez m'assurer que je l'exercerai sans conteste. Si donc vous m'avez cédé une servitude sur le fonds d'autrui et que le propriétaire du fonds s'oppose, par exemple, à mon passage, ou si vous m'avez cédé une servitude sur un fonds indivis entre vous et d'autres copropriétaires, je ne reçois rien de ce que j'ai voulu acquérir ; car, dans le second cas aussi, vous m'avez vendu ce que vous ne pouviez pas vendre : « *Unus ex dominis communium œdium servitutem imponere non potest.* »

CHAPITRE III.

I. — *Deux actions appartiennent à l'acheteur : l'action* ex stipulatu, *née de la* stipulatio duplæ ; *l'action* ex empto.

(1) Loi 46, Pr., de Evictionibus.
(2) Loi 59, de Contrahenda emptione, Dig., liv. 18, tit. 1.

*Pour que l'acheteur puisse agir en garantie contre son
vendeur par l'action ex stipulatu, il faut :*
1° Que l'acheteur soit évincé par autorité de justice;
2° Qu'il n'y ait point eu convention de non garantie;
3° Que l'éviction procède ex causa antiqua;
4° Qu'il y ait eu des motifs sérieux d'éviction;
5° Que l'acheteur n'ait point de faute à s'imputer;
*6° Que l'acheteur dénonce à son vendeur le procès qui
est intenté contre lui.*

II. — *Le vendeur à qui l'acheteur a dénoncé la contestation doit prendre fait et cause pour l'acheteur.*

I. — Deux actions appartiennent à l'acheteur : l'action
ex stipulatu, qui naît de la *stipulatio duplæ;* l'action *empti*
ou *ex empto*, qui naît du contrat de vente lui-même.

Pour que l'acheteur puisse agir par l'action *ex stipulatu,*
il faut que l'éviction se soit produite dans certaines conditions déterminées.

L'éviction contre laquelle prémunit la *stipulatio duplæ*
est, suivant Voët se plaçant au point de vue du revendiquant : « *Rei nostræ, quam adversarius justo titulo acquisivit, per judicem facta recuperatio.* » L'éviction, au
point de vue inverse, est l'enlèvement, en vertu d'un jugement, d'un droit qui nous a été concédé.

Ainsi, pour qu'il y ait éviction *stricto sensu,* il faut :

*1° Que l'acheteur soit dépouillé par autorité de jus-
tice, et que l'éviction soit la suite directe et immédiate
de la sentence.* —Si la chose a été enlevée à l'acheteur par
un fait indépendant de l'instance, l'acheteur n'a point droit
de se plaindre, quelle que soit d'ailleurs l'issue de l'instance même. — Ainsi, c'est un esclave qui a été vendu, et
pendant le procès il s'est enfui, a échappé à la vigilance de

l'acheteur ; celui-ci ne pourra recourir contre son vendeur, car, s'il est privé des bons services de l'homme qu'il a acquis, c'est l'effet de son évasion (1).

2° *Qu'il n'y ait pas eu convention de non garantie soit absolue, soit relative au fait qui a donné lieu à l'éviction.* — Ainsi, si, vous vendant un esclave, je n'ai rien voulu promettre quant à son statut, qu'il soit déjà libre ou qu'il le soit sous condition, peu importe, je n'en suis point responsable si je suis de bonne foi, si j'ai seulement des doutes sur son état : — toutefois, si je suis de mauvaise foi, si j'ai su que cet esclave était vraiment sorti d'esclavage, je ne puis profiter de mon dol, et dois demeurer tenu (2).

3° *Que l'éviction procède ex causa antiqua* d'une cause antérieure à la tradition. — Le vendeur ne garantit point contre les faits et agissements qui peuvent se produire après la tradition : de ce moment, il est devenu complétement étranger à l'objet vendu ; il ne peut être responsable des actes d'autrui.

4° *Qu'il y ait eu des motifs sérieux d'éviction.* — Si le possesseur est dépouillé par l'injustice ou l'impéritie du juge, il n'a rien à prétendre de son vendeur. — Paul fait de ce principe une application dans son livre 33, *ad edictum*. Si, dit-il, le vendeur d'un esclave a déclaré que cet esclave avait un pécule et qu'un *vicarius* soit attribué par le juge à une tierce personne le revendiquant, l'acheteur n'a point de recours contre le vendeur. En effet, de deux choses l'une : ce *vicarius* ne faisait pas ou il faisait partie du pécule de l'esclave aliéné. Dans le premier cas,

(1) Loi 21, Pr., § 3, de Evictionibus.

(2) Loi 6, § ult.; loi 13, § 15, de Actionibus empti et vend.

le vendeur n'est point garant, car, s'il a vendu un pécule, il n'a point spécifié les objets qui devaient le composer; dans le second cas, il ne l'est pas davantage, car il ne peut souffrir de ce que le jugement est mal rendu (1).

5° *Que l'acheteur n'ait point de faute à s'imputer.* — La faute de l'acheteur constitue au profit du vendeur une exception qu'il peut opposer aux demandes dirigées contre lui. — Si, par exemple, l'acheteur qui aurait pu usucaper, n'est cependant point arrivé à l'usucapion; si l'acheteur, auquel son vendeur a recommandé, dans une circonstance donnée, de recourir à la publicienne, a agi par une autre action, dans l'une et l'autre hypothèses l'acheteur est lui-même la véritable cause du dommage qu'il souffre (2). — Ainsi, encore dans l'hypothèse de la loi 34 : vous avez acheté une esclave, et il a été stipulé que, si vous veniez à la prostituer, elle serait immédiatement libre; vous la prostituez néanmoins, vous ne pouvez vous plaindre de ce qu'elle a acquis la liberté; vous êtes censé l'avoir affranchie vous-même.

Il est cependant un cas, nous l'avons déjà vu, où, malgré sa négligence, l'acheteur doit toujours demeurer indemne, c'est lorsqu'il est inquiété par son vendeur lui-même ou par les héritiers de son vendeur. Le vendeur, quoi qu'il arrive, est tenu de ses faits personnels.

6° *Il faut que l'acheteur dénonce à son vendeur le procès qui est intenté contre lui.* — Mais, si j'ai acheté de Stichus un esclave et que je sois évincé, à qui devrai-je faire ma dénonciation? Est-ce à Stichus lui-même ou bien à Titius, son maître, contre lequel j'ai évidemment recours

(1) Loi 5, de Evictionibus, D.

(2) Lois 56, § 3; 66, Pr., D., de Evictionibus.

2

duntaxat de peculio?... La loi 39, au *Digeste*, *de Evic-tionibus*, répond à cette question. Dénonciation doit être faite à l'esclave lui-même, s'il vit; s'il est mort, à son maître. Il est inutile de rappeler ici que le maître se trouve tenu en vertu de ce principe que l'esclave auquel a été confié le pécule l'administre pour son maître; que tout ce qui augmente ou diminue ce pécule augmente ou diminue la fortune du maître; si le maître n'est tenu que jusqu'à concurrence de la valeur du pécule, c'est que l'esclave ne peut engager son maître au-delà de l'importance des valeurs qui lui ont été remises.

Si la vente a été consentie par un mineur, la dénoncia-tion se fait au mineur lui-même (1).

Si l'acheteur a acheté l'objet contesté de plusieurs ven-deurs, ou si un vendeur laisse plusieurs héritiers, il doit dénoncer les poursuites à chacun d'eux.

La dénonciation peut être valablement faite au *procu-rator*, même d'une partie présente, pourvu qu'il soit cer-tain que celle-ci en aura connaissance (2).

Si une même chose a été vendue plusieurs fois successi-vement, le possesseur inquiété s'adressera directement à son vendeur, qui au sien, et ainsi de suite.

Il ne peut dépendre du vendeur d'anéantir le recours qui appartient à son acheteur en célant son domicile, en refusant de recevoir la notification qui lui est adressée. S'il se livre à des manœuvres ayant pour but d'induire son acheteur en erreur, et de lui soulever des difficultés, on passera outre à cette notification qui sera tenue pour ac-complie. Bien plus, il en sera de même alors que le ven-

(1) Loi 56, § 7, hoc, tit.

(2) Loi 56, § 4, hoc, tit.

deur, sans se soustraire en aucune manière à l'action dirigée contre sa personne, a laissé seulement ignorer le lieu où on pourrait le trouver et l'avertir (1).

La dénonciation dont s'agit est exigée en tous cas et dans toutes les hypothèses, à moins que remise en ait été faite expressément à l'acheteur; peu importe qu'il soit constant que le vendeur n'ignore point la contestation à laquelle la vente a donné lieu; peu importe que l'acheteur soit convaincu que son vendeur n'a aucun moyen opposant à la demande.

Si le vendeur connaît les difficultés soulevées, il a le droit de rester dans l'inaction, tant qu'on ne l'en a point officiellement averti, et la dénonciation aura précisément pour effet de le contraindre à prendre part aux débats. — Si l'acheteur croit que son adversaire est bien fondé dans ses prétentions, c'est là une appréciation qui lui est toute personnelle; or, ce n'est point à lui qu'il appartient de statuer sur les doutes de chacun, mais au juge seul qui a été légalement saisi; il doit surtout, alors même que son avis serait fondé, se garder d'accéder en quoi que ce soit à la demande; toute concession par lui faite resterait à sa charge.

Il n'est point, du reste, d'instant fatal avant lequel cette formalité doive être remplie, sous peine de nullité. La dénonciation peut être utilement faite en tout état de cause; la seule chose qu'exige la loi, c'est qu'elle le soit dans des conditions telles que le vendeur ait encore le temps d'intervenir et de proposer et développer ses moyens; pour cela, elle doit précéder d'un intervalle raisonnable la clôture des débats et n'aurait aucun effet si elle se produisait au

____

(1) Loi 55, § 1, hoc, tit.

moment même où, l'affaire étant instruite, la condamnation est sur le point d'être prononcée (1).

II. — Après cette dénonciation, si d'ailleurs les conditions que nous avons énumérées précédemment se trouvent réunies, le vendeur doit prendre part au procès.

De deux choses l'une : ou il défendra à la demande, ou il restera dans une complète inaction.

S'il défend, il prend le fait et cause de l'acheteur, son ayant-droit, dont le rôle est désormais terminé. — Y a-t-il plusieurs vendeurs, régulièrement ils doivent tous intervenir, et l'absence d'un seul, nous dit le jurisconsulte Paul, rend inutile la comparution des autres (2). — Cette loi est ou semble être, nous le verrons bientôt, en contradiction avec une autre loi, dans laquelle Celsus nous apprend que, à son époque, il suffit que l'un seulement des covendeurs prenne part au procès : il sera censé agir au nom de tous (3).

Si le vendeur est un pupille, ou il figurera lui-même à l'instance, ou son tuteur le représentera suivant les circonstances et aussi suivant les diverses époques de la législation romaine. — Dans le principe, alors qu'il n'était point permis d'agir, soit par *cognitores*, soit par *procuratores*, aucune exception n'existait à la règle commune en faveur du mineur; il devait agir lui-même en justice. Plus tard, on permit au tuteur d'ester au nom de son pupille *infans*, ou de son pupille absent (4); quant à ceux

(1) Loi 29, § 2, D., de Evictionibus.

(2) Loi 85, § 5, de Verborum obligationibus, liv. 45, tit. 1.

(3) Loi 62, de Evictionibus.

(4) Loi 1, § 2, de Administratione et periculo tutorum, D., l. 26, tit. 7.

qui sont *infantiæ* ou *pubertatis proximi* et qui sont présents, le tuteur ne peut que les assister. Enfin, après l'institution des *cognitores* et des *procuratores*, le tuteur peut toujours agir pour le pupille, et l'on donne contre celui-ci l'action *judicati utilis* (1).

Si aucun des vendeurs ne se met en mesure d'agir, l'acheteur doit alors demeurer au procès et soutenir la lutte entamée. Il ne faut pas que plus tard on puisse lui reprocher d'avoir succombé faute de courage et de défense suffisante; car alors le vendeur romain, qui ne doit pas même supporter les fautes du magistrat, serait, à plus forte raison, dégagé par l'insouciance de l'acheteur inhabile ou négligent. D'ailleurs, l'acheteur qui laisse défaut perd par là même tout recours en garantie, si personne ne l'a représenté (2).

Le procès se poursuivant après cette dénonciation, soit entre le vendeur et le revendiquant, soit entre l'acheteur et le demandeur, deux hypothèses peuvent se présenter : ou le demandeur succombe, ou il triomphe dans ses prétentions.

S'il succombe, l'acheteur n'a rien à réclamer de son vendeur ; il ne peut même pas répéter les frais du procès qu'il lui a fallu soutenir; la raison en est que, s'il a souffert, c'est par suite de la mauvaise foi du demandeur, qui a élevé des prétentions injustes, et non par le fait de son vendeur.

S'il triomphe, l'acheteur agit en garantie contre son vendeur, et son action procède, nous dit Trébatius, même contre le mineur qui n'a point l'*auctoritas* de son tuteur,

(1) Lois 6, 7, Quando ex facto tutoris, D., liv. 26, tit. 9.
(2) Loi 55, de Evictionibus.

sans doute parce que, dès lors que cette *auctoritas* lui a été accordée au moment de la vente, elle l'a habilité à faire et soutenir tout ce qui est la suite inévitable du contrat intervenu.

CHAPITRE IV.

I. — *De l'action* ex stipulatu. — *Sa nature.* — *Diverses hypothèses dans lesquelles il est permis d'y recourir.*

II. — *Bénéfice que l'action* ex stipulatu *assure à l'acheteur.—Eviction totale; éviction partielle* pro diviso; *éviction partielle* pro indiviso.

III.—*De l'action* ex empto.—*C'est une action de bonne foi; elle assure à l'acheteur la réparation exacte du préjudice qu'il souffre.*

I.—L'action *ex stipulatu* est une action de droit strict. Elle ne peut être exercée qu'autant que l'acheteur a été réellement dépossédé , dans le sens propre du mot ; que dans les cas auxquels s'appliquent rigoureusement les principes que nous avons expliqués. — Le jurisconsulte Pomponius a soin de nous indiquer dans quelles circonstances elle peut prendre utilement naissance : « *Duplæ stipulatio committi dicitur tunc cum res restituta est petitori, vel damnatus est litis æstimatione, vel possessor ab emptore conventus absolutus est* (1). »

Res restituta est petitori.—Cela suppose que l'acheteur est poursuivi par l'action en revendication ou hypothécaire,

____

(1) Loi 16 , § 1, D., de Evictionibus.

et est obligé de restituer la chose achetée au revendiquant ou au créancier hypothécaire.

Damnatus est litis œstimatione.—C'est le cas où l'acheteur actionné en revendication, ou à la suite d'une hypothèque consentie par son vendeur, paie au demandeur la valeur du bien dont on veut le déposséder : il conserve la chose, il est vrai ; mais il la retient en vertu de la somme d'argent qu'il vient de payer, et non en vertu de la vente à lui consentie, vente qui n'a produit aucun résultat.

Possessor ab emptore conventus absolutus est.—Primus fait à Secundus mancipation d'un fonds que Tertius possède déjà, après qu'une première mancipation lui en a été faite par le même Primus ; Secundus intente une action contre Tertius, et succombe. Tertius, le possesseur, est absous du reproche d'usurpation qui lui était adressé ; Secundus n'a point obtenu de son vendeur le bénéfice auquel il avait droit : dans ces trois cas, la stipulation est commise, et l'action *ex stipulatu* est ouverte à l'acheteur.

II. — *A.* Par l'action *ex stipulatu*, l'acheteur obtient l'indemnité convenue lors de la vente si l'éviction est totale, c'est-à-dire le double du prix.— Quelquefois même l'acheteur obtenait davantage, car quelquefois l'on stipulait, au lieu du double, le triple ou le quadruple. — Il n'y a pas lieu de s'inquiéter si la chose a augmenté ou diminué de valeur, si elle a augmenté ou diminué d'étendue. Un fleuve, par exemple, a, dans son cours, entraîné une partie du champ aliéné ; peu importe : l'acheteur n'en a pas moins droit à la somme fixée dans son entier, absolument comme si cette fraction dont le fleuve s'est emparé ne lui avait été ravie que par la revendication intentée contre lui : « *Si totus fundus quem flumen diminuerat evictus sit jure, non diminuetur evictionis obligatio non magis quam si incuria fundus aut servus traditus deterior factus sit* (1).»—De même, si le fleuve, au lieu d'entraîner une certaine quantité du fonds, l'a accru au contraire par alluvion, cet accroissement ne sera considéré en rien lors du réglement : « *Nam et a contrario non augetur quantitas evictionis si res melior fuerit effecta* (2). »

Comme, dans tous les cas, l'acheteur ne doit recevoir que cela même qu'il a stipulé, si déjà il a reçu pour un motif quelconque une partie de la somme convenue, il en sera tenu compte lors de l'éviction totale. — Ainsi, au moment de la vente, je vous ai promis le double au cas d'éviction et j'ai affirmé que le fonds vendu était libre de toutes charges; *ut optimus maximusque.* Bientôt un tiers a obtenu contre vous l'exercice d'une servitude, et j'ai été obligé de vous payer pour ce une certaine somme, puis vous êtes évincé. Le prix que je vous ai versé, au moment de la découverte de la servitude, sera déduit de la somme que je vous ai promise au cas d'éviction, car il est bien certain que, s'il en était autrement, vous recevriez plus du double de ce que vous m'avez tout d'abord compté (3).

B. Si l'éviction qui s'est produite, au lieu d'être totale, est seulement partielle, des règles différentes seront suivies, selon que cette éviction est *pro diviso* ou *pro indiviso*.

L'éviction est *pro indiviso* lorsque l'acheteur est évincé d'une fraction indivise; par exemple, du tiers, du quart, de la moitié de l'immeuble acquis; — elle est *pro diviso* lorsqu'il perd une partie matériellement déterminée :

(1 et 2) Loi 64, Pr., D., de Evictionibus.

(3) Loi 48, D., de Evictionibus.

certum locum; par exemple, tel champ, telle prairie comprise dans le domaine qui a fait l'objet de la vente.

C. L'acheteur souffre-t-il une éviction *pro indiviso*, il doit, en principe, obtenir le double du prix de la chose enlevée, par rapport au tout, sans égard à sa qualité ou à sa nature particulière ; — en d'autres termes, on calcule la proportion du terrain évincé au terrain vendu en prenant pour base l'étendue de celui-ci lors du contrat.

Certaines hypothèses peuvent présenter des difficultés sur lesquelles a dû s'exercer la sagacité des jurisconsultes romains. — Sur mille arpents que j'ai achetés et qui m'ont été livrés, le fleuve m'en a enlevé deux cents ; puis je subis une éviction *pro indiviso* du quart du terrain qui me reste, je ne pourrai réclamer à mon vendeur que le cinquième du double du prix de vente.

J'ai acheté un champ de huit cents arpents, une alluvion l'augmente de deux cents arpents, puis je suis tenu de restituer à un tiers un cinquième de ce champ, dont la contenance se trouve aujourd'hui portée à mille arpents, aurai-je le droit de réclamer à mon vendeur la représentation exacte de ce que je perds, c'est-à-dire le paiement de deux cents arpents, ou seulement le cinquième du fonds dont s'agit, tel qu'il se comportait lorsqu'il me l'a vendu ; soit cent soixante arpents seulement? Papinien résout la question dans ce dernier sens, plus favorable au vendeur, car le vendeur ne garantit point à l'acheteur la possession de tout ce qui peut donner à l'immeuble vendu un nouvel accroissement (1).

D'un côté, le fleuve enlève deux cents arpents de mon

____

(1) Loi 64, § 1, D., de Evictionibus.

champ ; il les lui donne d'un autre côté, puis je suis évincé d'un cinquième. Mon champ, qui contenait d'abord mille arpents, en contient encore mille au moment de l'éviction, puisque les deux cents que j'ai d'abord perdus sont compensés par l'alluvion. Je ne pourrai demander à mon vendeur que le cinquième des huit cents arpents qui me restaient avant l'alluvion. Les deux cents que le fleuve m'a enlevés sont, en effet, irrévocablement perdus pour moi ; quant aux deux cents autres, ils ne peuvent ni lier ni obliger mon vendeur (1).

D. L'acheteur souffre-t-il une éviction *pro diviso*, le vendeur lui en tient compte non plus d'après la quantité, mais d'après la qualité de la chose enlevée, et c'est au moment de la vente qu'on se place pour rechercher cette valeur (2).

Si, parmi les parties enlevées, se trouve un terrain ajouté au fonds par alluvion, on estime sa valeur, au moment même où l'alluvion s'est produite. Ici, ce que perd l'acheteur, ce n'est plus une quote-part pour la fixation de laquelle on doit toujours se reporter au moment de la convention intervenue, c'est une chose spéciale et déterminée ; qu'elle ait été comprise dans le domaine dès le principe, qu'elle y ait été jointe plus tard, l'acheteur doit être indemnisé de la perte qui lui est imposée et dont l'appréciation est facile pour tous (3).

Si l'acheteur est dépouillé d'un usufruit, on calcule la somme à laquelle il a droit d'après la qualité et le nombre des fruits auxquels il devait prétendre (4).

(1) Loi 64, § 2, D., de Evictionibus.

(2) Loi 1, D., de Evictionibus.

(3 et 4) Loi 15, D., de Evictionibus.

Si le fonds a été vendu à différents prix, suivant la fertilité des différentes parties du sol, la partie évincée sera payée à l'acheteur d'après le prix spécial pour lequel elle a été portée au contrat (1).

Le vendeur poursuivi en garantie par l'acheteur ne peut éviter la condamnation du double, même en offrant à l'acheteur de le remettre en possession de l'objet dont il a été évincé, « *semel commissa stipulatio resolvi non potest.* »

III. — Outre l'action *ex stipulatu,* une autre action, nous l'avons dit, appartient à l'acheteur, l'action *ex empto*, qui lui assure le *quanti interest.*

Action de bonne foi, l'action *ex empto*, en même temps qu'elle peut quelquefois être utile à l'acheteur subissant cette éviction *stricto sensu* qui nous a occupé jusqu'à ce moment, s'étend à une foule de cas dans lesquels l'équité exige qu'une réparation soit comptée à l'acheteur, et que cependant l'action *ex stipulatu*, renfermée dans les limites du droit strict, ne prévoit point.

L'action *ex stipulatu* ne prend naissance que lorsqu'il y a eu éviction, dépossession de la chose par autorité de justice. Or, bien souvent l'acheteur, tout en conservant l'objet vendu dans son patrimoine, sans contestation et sans procès, n'en souffre pas moins un dommage réel; souvent il le détient par un titre nouveau qui a couvert les vices du titre primitif, de telle sorte que, devenu propriétaire postérieurement à la tradition à lui consentie, cette tradition n'a produit pour lui aucun résultat utile. Les textes nous fournissent de nombreux exemples : vous m'avez

(1) Loi 53, Pr., D., de Evictionibus.

vendu l'esclave de Titius, et Titius meurt me laissant son héritier (1); vous m'avez vendu le fonds d'autrui, et je l'ai ensuite acquis du véritable propriétaire (2), je ne suis point évincé à proprement parler, je ne puis agir par l'action *ex stipulatu*, mais bien par l'action *ex empto*.

On peut encore réclamer par l'action *ex empto* des fruits que l'on demanderait vainement par l'action *ex stipulatu*, car ils n'ont pas été compris dans la stipulation; j'ai acheté une esclave qui a eu chez moi un enfant ou qui, sur mon ordre, a fait adition d'hérédité; je suis évincé de son enfant ou de l'hérédité qui lui a été dévolue; l'hypothèse n'a point été prévue dans la stipulation; je puis recourir à l'action *ex empto*, car le vendeur, en me promettant la possession de l'esclave, m'a tacitement assuré la jouissance de tout le bénéfice que pourrait me procurer cette possession : « *Obligatus est venditor ut præstet licere habere hominem quem vendidit, ita ea quoque quæ per eum adquiri potuerunt præstare debet emptori ut habeat* » (3). Il en sera ainsi, et pour la même raison, si je suis évincé du produit après la vente d'un animal que j'aurai acheté.

Enfin, si une partie seulement de l'esclave ou une partie des matériaux de la maison acquise appartiennent à autrui, et lui sont alloués, ici encore, je ne puis invoquer que l'action de bonne foi née du contrat de vente.

L'action *ex empto*, avons-nous dit, assure à l'acheteur la réparation exacte du préjudice qu'il souffre, rien de plus.

(1) Loi 9, D., de Evictionibus.

(2) Loi 29, Pr., de Evictionibus.

(3) Loi 8, D., de Evictionibus.

Si la chose a diminué de valeur depuis la vente, l'acheteur reçoit une somme moindre que celle qu'il a comptée : « *Ex empto actio non ad pretium duntaxat recipiendum sed ad id quod interest competit; ergo et si minor esse cœpit, damnum emptoris est* » (1). — Mais aussi, si la chose a, par un motif ou par un autre, acquis une plus-value, l'acheteur en profite et cette plus-value s'arbitre *ex bono et œquo*.

La plus-value peut résulter du fait même de l'acheteur : de travaux qu'il a accomplis. Il y a lieu alors de distinguer, suivant la nature des impenses, la bonne ou la mauvaise foi du vendeur.

L'acheteur a-t-il fait des impenses utiles qui ont profité au fonds lui-même, de deux choses l'une : ou, au moment de l'instance, l'acheteur est en possession du fonds revendiqué, ou cette possession lui a déjà été enlevée. Dans le premier cas, il n'a pas recours contre le vendeur de bonne foi ; car il doit exiger du demandeur une indemnité égale à la plus-value apportée par ses impenses et le repousser par l'exception de dol, s'il ne s'exécute pas ; s'il omet de faire ces justes réclamations ou de recourir à cette exception, il est en faute et ne doit imputer qu'à sa propre négligence la perte qu'il subit (2). — La possession de l'immeuble lui a-t-elle été enlevée, sa position est autre et il peut agir contre son vendeur par l'action *ex empto*. — Si le vendeur est de mauvaise foi, il est tenu même dans la première hypothèse et tenu, non seulement jusqu'à concurrence de l'intérêt qu'avait l'acheteur à n'être pas évincé, mais même audelà, si ses dépenses ont été supérieures à la plus-value.

(1) Loi 70, D., de Evictionibus.

(2) Loi 45, § 1, D., de Actionibus empti et venditi.

L'acheteur a-t-il fait des impenses voluptuaires, les sommes qu'il y a employées sont à jamais perdues pour lui; il n'en peut désormais tirer profit. De là il n'a aucun recours contre le vendeur de bonne foi; mais il lui est permis de répéter du vendeur de mauvaise foi l'intégralité de ses déboursés.

Toutefois, si l'objet vendu a acquis un accroissement de valeur tel que le vendeur n'a pu raisonnablement le prévoir; si, par exemple, l'acheteur d'un esclave de peu de valeur en a fait un histrion ou un gladiateur, il serait inique, nous dit le jurisconsulte Paul, de condamner le vendeur à payer une somme aussi élevée que celle que l'acheteur pourrait lui réclamer d'après les principes ordinaires du droit (1). — Et le jurisconsulte Africanus nous enseigne que, dans aucun cas, le vendeur ne doit être obligé de rembourser à l'acheteur plus du double du prix qu'il a reçu au moment du contrat (2).

A dater de l'époque à partir de laquelle la *stipulatio duplœ* se suppléa dans tous les contrats, l'acheteur obtint, par l'action *ex empto*, le double de la valeur de l'objet vendu, lors de la vente, toutes les fois qu'il y avait eu éviction dans le sens strict du mot.

CHAPITRE V.

I. — *L'acheteur ou ses héritiers universels peuvent agir contre le vendeur ou contre ses héritiers.*

(1) Loi 43, de Actionibus empti et venditi.

(2) Loi 44, D., de Actionibus empti et venditi.

II. — *L'obligation de garantie est-elle indivisible?*

III. — Quid *de l'exception de garantie?*

IV. — *Comment l'obligation de garantie prend-elle fin?*

I. — Les actions qui appartiennent à l'acheteur peuvent être intentées, soit par l'acheteur lui-même, soit par ses héritiers universels; l'héritier recueille, en effet, dans la succession, en même temps que l'universalité des biens de son auteur, toutes les actions qui lui appartenaient : « *Nihil est aliud hœreditas quam successio in universum jus quod defunctus habuit.* » — Elles ne peuvent l'être par un successeur particulier, à moins que le défunt lui ait expressément cédé ses actions (1).

Elles sont exercées contre le vendeur ou ses héritiers; — il peut même arriver quelquefois que l'obligation de l'héritier soit plus étendue que celle qui incombait à son auteur : j'achète un esclave; mon vendeur meurt; cet esclave fait pour moi adition d'hérédité; puis il m'est enlevé par un tiers, qui triomphe dans une instance en revendication; j'ai le droit de demander et le prix de l'esclave et la valeur de l'hérédité qu'il m'a acquise; cependant je n'aurais pu demander à mon vendeur, au moment de sa mort, d'indemnité pour un bénéfice que je n'avais point encore recueilli.

II. — L'obligation de garantie qui incombe au vendeur est-elle indivisible? — C'est là une question difficile à résoudre. Je crois cependant qu'en droit romain l'obligation de garantie était divisible.

____

(1) Loi 59, D., de Evictionibus.

Nous examinerons successivement le côté actif et le côté passif.

Côté actif. — A vrai dire, l'obligation de garantie est indivisible. Ce que réclame au premier chef l'acheteur, c'est la garantie même; c'est que le vendeur prenne son fait et cause.

Une distinction était établie suivant que l'acheteur agissait par l'action *ex empto* ou par l'action *ex stipulatu.*

A-t-il recours à l'action *ex empto*, il n'obtiendra qu'une somme représentative du préjudice qu'il souffre. — L'acheteur est-il mort laissant plusieurs héritiers, celui-là seul peut agir qui est menacé de l'éviction.

A-t-il recours à l'action *ex stipulatu*, il demande toujours la totalité de la somme stipulée. Est-il mort laissant plusieurs héritiers, chacun d'eux pourra *jure civili* réclamer cette même somme pour sa part héréditaire, sauf la possibilité pour le vendeur de repousser *jure prætorio* par l'exception de dol ceux qui n'ont pas intérêt à le poursuivre. — En effet, la *stipulatio duplæ* est une véritable clause pénale; la clause pénale n'est autre chose qu'une obligation conditionnelle emportant novation (1). L'obligation à laquelle est ajoutée la clause pénale ne s'accomplit pas, la condition de la deuxième obligation est réalisée; la stipulation avec clause pénale est commise (2).

Plus tard, celui-là seul qui souffrit de l'éviction put intenter l'action *ex stipulatu* pour sa part héréditaire. — Cette décision fut introduite *utilitatis causa* (3).

Côté passif. — D'une part, le vendeur est obligé de

(1) Loi 44, § 6, de Obligationibus et actionibus, D., liv. 44, tit. 7.

(2) Loi 2, § 6, de Verborum obligationibus, D., liv. 45, tit. 1.

(3) Loi 4, § 2, de Verb. obl.

défendre pour le tout à l'action intentée contre lui. — S'il meurt laissant plusieurs héritiers, il faut, nous dit le jurisconsulte Paul, qu'ils comparaissent tous au procès : l'absence de l'un d'eux rend inutile la défense des autres et suffit pour entraîner leur condamnation : « *Omnes debent subsistere, et quolibet defugiente, omnes tenebuntur* (1), et Venuleius reproduit la même doctrine : « *Cum ex causa duplæ stipulationis aliquid intendimus, venditoris hæredes in solidum omnes conveniendi sunt, omnesque debent subsistere : et quolibet eorum defugiente cæteris subsistere nihil prodest, quia in solidum defendenda est venditio cujus indivisa natura est* (2)... » — Bien plus, Celsus, en contradiction apparente, nous l'allons voir, avec Paul et Venuleius, posant un principe qui semble différent quant à la procédure imposée aux héritiers du vendeur, donne un sérieux argument à ceux qui voudraient soutenir l'indivisibilité de l'obligation de garantie : « *Si... unus tamen ex his liti substitit, propter denuntiationis vigorem et prædictam absentiam, omnibus vincit aut vincitur* (3). »

D'une autre part, dénonciation des poursuites commencées doit être faite à chacun des vendeurs, ou à chacun des héritiers du vendeur, sans qu'il soit permis à l'acheteur de s'adresser à l'un d'eux seulement, et d'agir *in solidum* contre celui qu'il voudrait choisir, ce qui serait précisément le propre de l'obligation indivisible (4).

(1) Loi 85, § 5, de Verb. obl.

(2) Loi 139, de Verb. obl.

(3) Loi 62, D., de Evictionibus, liv. 21, tit. 2.

(4) Loi 62, de Evict.

Comment concilier les textes que nous avons mis en présence? — Que conclure de leur rapprochement avec cet autre texte d'après lequel il faut, si je puis m'exprimer ainsi, autant de mises en cause que de débiteurs distincts? -

1° Je l'ai dit, entre la doctrine enseignée par Paul et Venuleius, et celle enseignée par Celsus, il n'y a point en réalité d'antimonie. Tous, partant du même principe, en font application à deux hypothèses différentes : Les premiers supposent que l'un des héritiers du vendeur, se présentant seul au procès, veut y figurer en son seul et privé nom, et ils déclarent sa prétention inadmissible, car il ne peut soutenir pour partie ce qui n'est point susceptible de se fractionner. — Si le dernier, au contraire, affirme qu'un seul des cointéressés peut défendre pour le tout, c'est qu'au lieu de se placer en présence d'un héritier qui veut agir dans la limite de son droit, il raisonne dans l'hypothèse où un des héritiers du vendeur veut plaider et pour lui et pour ses cohéritiers et, tout en plaidant seul, défendre pour le tout.

2° Si j'examine en même temps et ces lois qui, toutes trois, je puis le dire maintenant, exigent une défense complète et indivisible, et ce principe d'après lequel dénonciation doit être faite à tous les vendeurs, j'en tire les conséquences suivantes :

Ici encore, l'obligation de garantie, à proprement parler, c'est-à-dire cette obligation aux termes de laquelle le vendeur est tenu de prendre fait et cause pour l'acheteur, est indivisible, car il ne peut répondre *pro parte* aux prétentions soulevées.

Mais les jurisconsultes romains, frappés avant tout du résultat auquel doit *a posteriori* conduire l'obligation de garantie, dominés par cette pensée que l'obligation qui, de ce chef, incombe au vendeur, se résout en dommages et intérêts essentiellement divisibles de leur nature, ont vu bien plutôt la condamnation prononcée que l'obligation dont cette condamnation n'était que la sanction. — C'est par ce motif qu'ils ont édicté cette règle que l'acheteur doit s'adresser en même temps à tous ses garants et qu'ils ont été ainsi amenés à considérer l'obligation de garantie comme divisible.

Que l'on ne dise pas que cette obligation pour le vendeur de défendre *in solidum* est une atteinte portée à la divisibilité de l'obligation de garantie elle-même; c'est la conséquence non de la nature de l'obligation de garantie, mais de l'indivisibilité de la défense. En outre, les textes qui traitent la question qui nous occupe supposent que l'acheteur agit par l'action *ex stipulatu*, et nous savons que la *stipulatio duplæ* étant une clause pénale, dès lors qu'il s'agit de rechercher si elle est ou non encourue, force est de défendre *in solidum*.

III. — L'exception de garantie est-elle aussi divisible? La loi 14, au Code, *de rei vindicatione*, liv. III, tit. XXXII, ne laisse aucun doute à cet égard : « *Cum à matre domum filii, te sciente, comparasse proponas, adversus eum dominium vindicantem si matri non successit, nulla te evictione tueri potes; — quod si venditricis detinet hæreditatem, doli mali exceptione pro qua portione ad eum hæreditas pertinet, uti non prohiberis.* »

IV. — L'obligation de garantie prend fin lorsque, pour un motif ou pour un autre, l'éviction ne peut plus se produire : ainsi, s'il s'agit d'un esclave, lorsque l'esclave est décédé ou lorsque l'acheteur l'a affranchi; s'il s'agit d'un meuble ou d'un immeuble (1), lorsqu'il est usucapé.

2° Sous Justinien, par la prescription de l'action : — Les actions *ex stipulatu* et *ex empto* se prescrivent, l'une et l'autre, par le même laps de temps : trente années, à compter du jour de l'éviction.

3° Par la confusion, c'est-à-dire par la réunion sur la même tête des deux qualités de vendeur et d'acheteur. — La confusion a lieu lorsque l'acheteur devient héritier du vendeur ou réciproquement.

CHAPITRE VI.

DE LA GARANTIE DES DÉFAUTS DE LA CHOSE VENDUE.

I. — *Le vendeur est garant des vices et défauts cachés de la chose vendue. — Actions qui, de ce chef, appartiennent à l'acheteur.*

II. — *Par l'action* ex stipulatu, *on obtient la somme même comprise dans la stipulation — Actions* redhibitoria *et* quanti minoris. *— Bénéfice qu'elles procurent à l'acheteur. — Action* ex empto.

III. — *Les parties peuvent, à leur gré, diminuer ou étendre cette obligation de garantie.*

I. — Il est une autre garantie propre à la vente : c'est

---

(1) Lois 21, 25, D., de Evictionibus.

celle à laquelle se réfère le titre Ier du livre 21, *de Ædilitio edicto et redhibitione et quanti minoris.*

Cette garantie assure à l'acheteur un recours contre son vendeur, lorsqu'il a acheté des choses atteintes de maladies ou de vices graves. — Bien que les maladies et les vices soient d'une nature différente, puisque la maladie n'est autre chose qu'une mauvaise disposition de notre corps, qui l'empêche de nous rendre les services que la nature nous permet d'en attendre, tandis que le vice tient plutôt au côté moral de l'individu, à son caractère, à ses penchants, les Ediles, qui ont réglementé la matière, ont déclaré expressément que les principes qu'ils édictaient visaient l'une et l'autre hypothèses.

Comme la garantie en matière d'éviction, cette autre garantie existe de plein droit dans toutes les ventes consenties, quel qu'en soit l'objet : meubles ou immeubles; c'est cependant surtout dans les ventes d'animaux qu'elle reçoit de fréquentes applications (1).

Les Ediles ont eu pour but de protéger l'acheteur de bonne foi contre la fraude et la mauvaise foi du vendeur, et aussi contre la lésion qui peut résulter pour lui d'un marché passé relativement à une chose dont il ignore les défauts. De là, il y a lieu à garantie, alors même que le vendeur a été de bonne foi; car, en définitive, peu importe que l'acheteur souffre du dol, de l'impéritie ou de l'imprudence du vendeur; le seul point utile à constater, c'est qu'il éprouve un dommage.

Aucune action n'est accordée à l'acheteur pour les vices apparents dont il aurait pu facilement se convaincre; dans

---

(1) Loi 1, Pr., 49, 63, de Ædilitio edicto, D., liv. 21, tit. 1. — Loi 4, Code, de Ædilitiis actionibus, liv. 4, tit. 58.

ce cas, en effet, il n'est pas juste de dire qu'il a été trompé, puisqu'il les eût connus, s'il avait été vigilant (1).

Il est facile d'énumérer quelques exemples des cas dans lesquels cette nouvelle action en garantie prenait naissance : le vendeur d'un immeuble était soumis à un recours si le fonds vendu était malsain, s'il s'en exhalait des odeurs mauvaises et pestilentielles; le vendeur d'un esclave, sì l'esclave était larron, poursuivi pour un délit, malade, et par ce mot malade il faut entendre s'il n'est point apte à remplir les travaux auxquels l'homme se livre habituellement. Aussi, en général, n'y a-t-il point lieu de se préoccuper des affections morales qui n'enlèvent point à celui qui en est atteint sa force physique, à moins toutefois qu'elles soient telles qu'elles frappent aussi le corps lui-même, que si l'acheteur les avait connues, il n'eût point consenti àu contrat intervenu.

L'action accordée à l'acheteur et le bénéfice qu'elle lui assure varient suivant les circonstances dans lesquelles le contrat a été passé et suivant la nature de l'affection dont il a lieu de se plaindre. Il importe de faire les distinctions suivantes :

1° Il est possible que l'acheteur ait stipulé de son vendeur que la chose vendue n'avait point tel ou tel vice spécialement déterminé;

2° Il se peut, au contraire, qu'aucune stipulation ne soit intervenue au moment de la vente;

3° L'acheteur a su ou a ignoré, lors du contrat, les vices de la chose qu'il a acquise.

1° Le vendeur, croyant la chose parfaite, a stipulé, par

---

(1) Loi 14, § 10, D., de Ædilitio edicto.

exemple, que son esclave était bien portant, bien constitué ; l'esclave était sujet à des maladies fréquentes, l'acheteur a deux actions : l'action *ex stipulatu* et l'action *redhibitoria*, ou l'action *quanti minoris*, suivant les circonstances.

De même, si le vendeur a affirmé qu'il avait telle profession, tel talent déterminé ; qu'il devait procurer à l'acheteur tel ou tel avantage.

Il ne faut pas, toutefois, interpréter trop rigoureusement la stipulation. Ainsi, qu'un maître déclare que son esclave sait peindre, ou bien a un pécule, ou bien encore est appelé à recueillir un héritage, la stipulation ne sera commise qu'autant que ces allégations seront dénuées de tout fondement ; dès lors que l'esclave a véritablement un certain talent, fût-il des plus médiocres, qu'il a un pécule, quelle que soit son importance, l'acheteur n'a rien à prétendre (1).

2° Cette même stipulation de garantie est intervenue, mais l'acheteur connaissait l'existence des vices à propos desquels il exigeait promesse formelle du vendeur, il ne pourra agir que par l'action *ex stipulatu*.

3° L'acheteur n'a fait aucune stipulation : les actions *redhibitoria* ou *quanti minoris* ne l'en protègent pas moins si le vice, diminuant la valeur de la chose, est un de ceux indiqués par les Ediles comme entraînant la garantie.

4° L'acheteur, sachant au temps du contrat l'état réel de la chose, n'a cependant point exigé de stipulation ; il n'a aucun recours à exercer, soit que le vendeur lui ait lui-même dénoncé les vices de la chose, soit qu'il en ait eu connaissance par toute autre voie (2).

---

(1) Loi 18, §§ 1 et 2, de Ædilitio edicto, 1904.

(2) Loi 48, §§ 3 et 4.

Enfin, indépendamment des actions *redhibitoria* ou *quanti minoris*, toutes les fois que ces deux actions auraient pu être intentées utilement, l'acheteur pouvait agir par l'action *ex empto*, car la vente est un contrat de bonne foi; cette action *ex empto* n'était du reste qu'une action supplétoire.

III. — Qu'obtient-on par l'action *ex stipulatu?* Qu'obtient-on par les actions *redhibitoria* ou *quanti minoris?*

§ 1. Par l'action *ex stipulatu*, on obtient la somme même, comprise dans la stipulation, ordinairement le double du prix de vente. On peut intenter cette action pendant trente-ans.

§ 2. Par l'action *redhibitoria*, on obtient la résolution de la vente; par l'action *quanti minoris*, une diminution de prix.

Il y a lieu à l'action *redhibitoria*, lorsque la chose vendue est complétement impropre à l'usage auquel on la destine; à l'action *quanti minoris*, lorsqu'elle est seulement défectueuse.

1° L'action *redhibitoria* par laquelle on obtient la résolution de la vente, doit être intentée dans les six mois utiles : « *Tempus autem redhibitionis sex menses utiles habet... Sed tempus redhibitionis ex die venditionis currit* (1).

Les jours utiles sont ceux pendant lesquels l'acheteur *scierit potueritque agere*. Elle se prescrit cependant par deux mois dans un cas spécial : c'est lorsque c'est moins un défaut de la chose même que l'absence d'ornements ou d'accessoires compris dans la vente qui donne lieu à la poursuite.

(1) Loi 19, § 6.

L'acheteur qui a agi par l'action *redhibitoria* a, de ce jour, épuisé tous ses droits. Il peut, du reste, y recourir alors même que l'esclave vendu est mort, car le principe d'action date de la vente; mais si l'esclave a été affranchi, il en est autrement; car, si l'acheteur y a volontairement renoncé, peu lui importe son plus ou moins grand degré de perfection (1).

L'action *redhibitoria* appartient aux héritiers de l'acheteur comme à l'acheteur lui-même, à tous les coacheteurs d'une même chose; elle peut être exercée contre les héritiers du vendeur. — Mais, pour que les héritiers de l'acheteur soient admis à rendre l'objet acquis, il faut qu'ils agissent d'un commun accord; que tous les cointéressés aient la même volonté, car le vendeur ne peut être contraint de reprendre sa chose pour partie (2); — toutefois, si elle n'existe plus, si, par exemple, l'esclave cédé a succombé, l'objet de la demande et la nature de la condamnation changent. On ne peut plus réclamer au vendeur que le paiement d'une somme d'argent déterminée; il ne peut encourir désormais qu'une condamnation pécuniaire qu'il est facile de prester divisément; dès lors, chaque cohéritier, chaque copropriétaire peut réclamer sa part et portion (3).

L'action *redhibitoria* remet toutes choses dans l'état où elles étaient avant la vente : « *Facta redhibitione, omnia in integrum restituuntur, perinde ac si neque emptio neque venditio intercesserit* (4). » De là, si le vendeur

(1) Loi 25, de Evictionibus.

(2) Loi 31, § 5, de Ædilitio edicto.

(3) Loi 31, § 6, de Ædilitio edicto.

(4) Loi 60, de Ædilitio edicto.

est tenu, l'acheteur, lui aussi, a souvent des remboursements à opérer.

L'action *redhibitoria* est une action personnelle, arbitraire : personnelle, car l'*intentio* de la formule porte : s'il appert que le vendeur, tenu par le contrat de vente, doive reprendre telle chose, etc... Arbitraire, car il est permis au juge de surseoir à la condamnation et de ne la prononcer qu'autant que le vendeur ne s'exécute pas.

2° Si la chose, au lieu d'être impropre à l'usage auquel on la destine, est seulement défectueuse, Grotius prétend que l'acheteur peut choisir entre deux partis : demander la résolution de la vente, ou seulement une diminution de prix. Je crois que ce dernier moyen est le seul permis. L'action *quanti minoris* dure une année (1).

Par cette action, l'acheteur a droit à une indemnité plus ou moins forte, suivant que le vendeur a ou n'a pas connu les vices de la chose; suivant qu'il a été de bonne ou de mauvaise foi. — Si le vendeur a été de mauvaise foi, il est tenu de rendre l'acheteur indemne. — J'ai acheté un troupeau atteint de la peste, mon vendeur a été de bonne foi, je ramène la chose à sa valeur réelle et j'ai droit à la différence entre cette valeur et le prix que j'ai compté. — Mon vendeur est de mauvaise foi, il me doit même le prix de ceux de mes propres bestiaux qui ont été atteints par la contagion (2). — Si c'est un mineur qui m'a vendu ce troupeau malade, j'aurai action contre son tuteur s'il a lui-même figuré au contrat; contre le mineur, *quantum locupletior factus est*, s'il a agi avec l'*auctoritas* de son

____

(1) Loi 38, Pr.

(2) Loi 13, Pr., de Actionibus empti. — Loi 1, Code, de Ædilitiis actionibus, l., 4, t. 58.

tuteur (1) ; le surplus de la condamnation restera à la charge du tuteur.

L'action *quanti minoris*, comme l'action *redhibitoria*, peut être intentée par les héritiers de l'acheteur contre les héritiers du vendeur; mais comme, dans tous les cas, elle ne tend qu'à une condamnation pécuniaire, elle peut toujours être exercée par chacun jusqu'à concurrence de sa part héréditaire. Contrairement à l'action *redhibitoria*, elle laisse subsister le contrat et ne procure à l'acheteur qu'une indemnité proportionnée à son intérêt.

L'acheteur peut avoir recours plusieurs fois à l'action *quanti minoris*; si, après une première instance terminée, il découvre un second vice, rien ne s'oppose à ce qu'il recommence une seconde instance, pourvu toutefois qu'il ne fasse que recevoir l'indemnité qui lui est due et qu'il ne retire pas bénéfice de cette multiplicité d'actions ; aussi, son droit est-il consommé, quoi qu'il arrive, dès qu'il a reçu deux fois la valeur de la chose (2).

De même, l'acheteur, repoussé dans l'action *redhibitoria*, par ce motif qu'il n'est plus dans les délais pour l'intenter, peut recourir à l'action *quanti minoris;* la loi 48, § 2, de *Ædilitio edicto*, ne laisse aucun doute à cet égard : « *Non nocebit emptori si sex mensium exceptione redhibitoria exclusus velit intra annum æstimatoria agere.* » Mais, dès lors que l'une des deux actions a été intentée et qu'elle a été repoussée par toute autre fin que par cette exception, l'acheteur qui voudrait, soit renouveler le procès, soit tenter l'autre voie, serait repoussé par l'exception *rei judicatæ.*

---

(1) Loi 13, § 7, de Actionibus empti.

(2) Loi 31, § 16, de Ædilitio edicto.

Une question qui n'est pas sans difficultés est celle de savoir si l'acheteur d'un esclave peut intenter l'action *quanti minoris*, alors que déjà il a été évincé, et cumuler deux actions : celle pour vices cachés et celle pour éviction? — Le jurisconsulte Paul nous déclare, dans la loi 44, § 2, que cela lui est permis. D'un côté, en effet, il avait intérêt à ce que son esclave fût valide pendant tout le temps qu'a duré sa possession; d'un autre côté, son droit à l'action *quanti minoris* date de l'instant même de la vente et ne peut lui être enlevé. — Le jurisconsulte Pomponius fait, dans la loi 16, au Digeste, *de Evictionibus*, une distinction qu'il importe de rappeler : « Si, dit Pomponius, l'esclave que l'on m'a vendu est devenu *in bonis*, j'ai l'action née lors du contrat; si je n'en ai pas reçu l'*in bonis*, il en est différemment, car, dès que cet esclave ne m'a jamais appartenu, je n'ai jamais eu intérêt à lui voir telle ou telle qualité. »

Quelquefois, à côté de ces deux actions, s'en place une troisième; lorsque le juge a donné gain de cause au demandeur au rédhibitoire, que la chose vendue a été remise au vendeur, qui néanmoins ne restitue pas ce qu'il a reçu, l'acheteur le contraint au paiement par une action *in factum*.

III. — Dans cette matière, comme en matière de garantie pour cause d'éviction, les parties peuvent, d'un commun accord, diminuer l'obligation de garantie à laquelle le vendeur est soumis, d'après les édits des Ediles; mais il faut que leur intention soit clairement manifestée. — Cette stipulation doit être faite de bonne foi; de là, si le vendeur stipule qu'il ne garantit pas contre tels vices déterminés, l'acheteur n'en aura pas moins recours s'il établit que le vendeur n'a réclamé cette immunité que parce qu'il savait sa chose grevée précisément de ces défauts dont il prétendait n'être point responsable. Repoussé par l'exception fondée sur la stipulation intervenue, il triomphera par une réplique de *dolo malo* (1).

Le vendeur doit : le prix qui lui a été compté, les intérêts de ce prix, une somme représentative de l'accroissement de valeur que la chose a pu acquérir chez l'acheteur; il doit aussi indemniser l'acheteur des frais qu'il a faits pour soigner l'esclave malade et souffrant; quant à la nourriture, elle reste à la charge de l'acheteur (2).

L'acheteur, de son côté, doit tenir compte au vendeur de toutes les acquisitions qu'il a réalisées ou qu'il aurait dû réaliser par l'esclave aliéné : le part soit de l'esclave, soit des animaux vendus, les fruits du fonds dont s'agit; il doit indemniser le vendeur si la chose a perdu sa valeur primitive, si elle a reçu chez lui quelques blessures, si elle y a gagné quelque maladie; il doit tenir compte même des vices qu'un esclave aurait contractés par le mauvais exemple,

L'acheteur doit aussi affirmer que le vendeur n'a aucun dol à redouter de sa part, ni pour le passé, ni pour l'avenir; qu'il n'a point donné l'esclave en gage; qu'il ne lui a ordonné de commettre ni crimes, ni délits. L'esclave est-il en fuite, il lui faut s'engager à le rechercher et à le restituer à son maître s'il le retrouve; des cautions doivent se joindre à son obligation (3).

Toutes les prestations de l'acheteur doivent être fournies

(1) Loi 14, § 9, D., de Ædil. ed.

(2) Loi 30, § 1.

(3) Loi 21, § 2.

avant qu'il puisse prétendre à rien recevoir (1) : si cependant il redoute l'insolvabilité de son vendeur, au lieu de le régler immédiatement, il lui suffira de déclarer qu'il est tout prêt à lui compter ce qu'il lui doit du jour où lui-même sera en mesure de le désintéresser (2). Si l'esclave vendu est mort chez l'acheteur, si l'acheteur a commis une faute, si légère qu'elle soit, il doit la même somme que si l'esclave vivait encore (3).

En principe, si l'on acquiert plusieurs choses du même individu, le vice qui rend l'une d'elles impropre à l'usage auquel elle est destinée n'a sur l'autre aucune influence, et l'acheteur qui peut demander résiliation de la vente quant à la première, conserve la seconde, sans avoir droit de formuler aucune réclamation. Si cependant ces choses sont liées si intimement qu'elles se donnent, l'une par l'autre, une véritable plus-value qui a sa source dans leur rapprochement même, ou bien encore si elles sont unies par des liens tellement sérieux qu'il serait cruel et inhumain de les désunir, les vices qui chez l'une d'elles donnent naissance à l'action rédhibitoire permettent à l'acheteur de l'exercer pour toutes en même temps. Ainsi, vous avez acheté un quadrige, une paire de mules. Qu'un cheval de votre quadrige ou qu'une de vos mules soit constamment malade, vous pourrez forcer votre vendeur à reprendre son attelage en entier (4). Ainsi, on vous a vendu le père et le fils, la mère et l'enfant. Que le père ou la mère ait, je suppose, une fièvre continue, vous demanderez l'annulation de la

(1) Loi 25, § 10.

(2) Loi 26.

(3) Loi 31, § 11.

(4) Lois 34, § 1; 38, § 14.

vente pour le tout, car les séparer serait trop dur et les ferait souffrir inutilement (1).

L'action *redhibitoria* ne prend utilement naissance que lorsque l'objet à raison duquel on veut l'intenter a été vendu purement et simplement, et que lorsque le vice qui y donne lieu existait avant la vente.

Si la vente est conditionnelle, on ne peut agir avant que la condition soit réalisée, car la vente est comme en suspens, et le juge ne peut résoudre ce qui n'est pas encore parfait (2). Il en est de même dans un cas de vente pure et simple; c'est lorsqu'un esclave, appartenant en usufruit à Attius, en pleine propriété à Titius, fait une acquisition : jusqu'au paiement, on ne sait à qui profitera cette acquisition. Elle appartiendra à celui qui paiera le prix convenu. Il existe dès lors dans le droit de chacun une incertitude, un aléa qui ne leur permet pas de se comporter comme un propriétaire le pourrait (3).

Les parties qui peuvent diminuer la rigueur de cette obligation peuvent aussi l'étendre. Ainsi, souvent, elles conviennent que le vendeur sera obligé de reprendre sa chose au bout d'un certain temps déterminé, si elle ne convient pas à l'acheteur; si les parties n'avaient pas fixé de délai, les Ediles le fixaient eux-mêmes; il était de soixante jours utiles (4). Il était même permis de stipuler que l'acheteur qui, à une époque quelconque, se fatiguerait de sa chose, pourrait réclamer et obtenir résolution de la vente.

(1) Lois 38 , § 14 ; 39.

(2) Loi 43 , § 9.

(3) Loi 43 , § 10.

(4) Loi 31, § 22, D., de Ædilitio edicto.

De la Garantie en matière de Partage.

En droit romain comme en droit français, nul, nous l'avons déjà dit, n'est tenu de demeurer dans l'indivision. On peut toujours demander le partage, à moins qu'il y ait eu convention de jouir en commun pendant un temps déterminé (1).

Le partage peut avoir lieu à l'amiable ou judiciairement; à l'amiable, si toutes les parties sont majeures de vingt-cinq ans, capables et d'accord entre elles; quand il y a eu exécution des conventions, tout est définitivement terminé (2); judiciairement, dans les autres cas. Enfin, le père de famille peut diviser lui-même ses biens entre ses héritiers (3). Quel que soit le mode adopté et quels que soient les objets à partager, les parties seront garantes les unes à l'égard des autres de la propriété des objets compris dans leurs lots (4). Sous ce rapport, l'on peut dire avec l'empereur Antonin que : « *divisionem prædiorum vicem emptionis obtinere placuit* (5), » avec cette seule différence que le vendeur n'est tenu que de livrer la *vacuam possessionem*, tandis que l'obligation du copartageant s'étend à la propriété même de la chose.

Si l'un des copartageants est évincé, il a recours contre

---

(1) Lois 43, Fam. erc., D., liv. 10, tit. 2; — 8, Pr., Com. div., D., liv. 10, tit. 3; — 5, C., Com. div., liv. 3, tit. 37.

(2) Loi 57, Fam. erc.

(3) Lois 20, § 3; — 33, Fam. erc.

(4) Lois 25, § 21, Fam. erc.; — 10, § 2, Com. div.; — 14, C., Fam. erc.; — 77, § 8, de legatis et fideic., D., liv. 31, tit. 2.

(5) Loi 1, C., Communia utriusque jud., liv. 3, tit. 38.

ses copartageants par l'action *ex stipulatu*, si une stipulation spéciale est intervenue lors du partage ; sinon, par l'action *præscriptis verbis*.

L'action *ex stipulatu* lui assure le bénéfice de la stipulation même ; l'action *præscriptis verbis* le *quanti interest* (1).

Nous ne passerons point ici une seconde fois en revue toutes les questions qui se présentent toujours les mêmes; nous ne rappellerons point que l'action en garantie peut être intentée par l'héritier du copartageant évincé contre l'héritier de son copartageant; rappelons seulement que les cohéritiers peuvent se libérer par une convention et par avance de tout recours les uns envers les autres, et que la connaissance du danger de l'éviction équivaut, pour le copartageant qui la souffre, à une clause de non garantie (2).

Terminons en mentionnant les dispositions de la loi 10 au Code *de legatis*. Cette loi, supposant que les copartageants ont reçu directement de leur auteur les lots qui leur ont été attribués, déclare que si l'un d'eux est évincé d'un objet qui lui a été nominativement destiné par le donateur, ses droits seront différents suivant les relations qui ont existé entre lui et son auteur même. — La succession à laquelle il a été appelé est-elle la succession d'un de ses proches, il a toujours recours en garantie contre ses cohéritiers; est-elle la succession d'un étranger auquel il ne tient pas par les liens du sang, recours ne lui est accordé qu'autant qu'il est certain qu'au moment où le partage a été fait, le *de cujus* savait que la chose aujourd'hui enlevée ne lui appartenait pas.

---

(1) Loi 7, C., Communia utriusque jud.

(2) Loi 7, C., Communia utriusque jud.

4

DROIT FRANÇAIS.

De la Garantie en matière de Vente.

CHAPITRE PREMIER.

I. — *Dispositions générales. Le vendeur est tenu de* præstare auctoritatem.

II. — *Distinction entre les ventes volontaires et les ventes forcées.*

Le vendeur est toujours responsable d'un fait personnel; — si l'éviction procède du fait d'un tiers, il n'en est garant qu'autant qu'elle prend sa source dans un fait antérieur à la vente.

Examen de diverses hypothèses dans lesquelles des controverses se sont élevées entre les auteurs.

L'acheteur, à la suite d'expropriation sur saisie immobilière, a, s'il est évincé, action en garantie contre le saisi; en répétition de l'indû contre le créancier saisissant.

III. — *Modifications que les parties peuvent apporter à la garantie de droit édictée par l'art. 1626.*

I. — La vente, sous l'empire du Code Napoléon, est, aux termes de l'art. 1582, une convention par laquelle l'un s'oblige à livrer une chose et l'autre à la payer. — A s'en tenir aux termes de cet article, il semble que le législateur ait reproduit le principe du droit romain; que la vente soit seulement productive d'obligations. — Mais, si l'on consulte les textes qui suivent : l'art. 1583, qui déclare que la propriété est acquise de droit à l'acheteur à l'égard du vendeur, dès qu'on est convenu de la chose et du prix; l'art. 1599, aux termes duquel la vente de la chose d'autrui est nulle; les art. 2184 et 2182, on ne tarde pas à être convaincu qu'en passant du droit romain dans notre droit français, la vente a changé de nature, qu'elle est aujourd'hui translative de propriété.

La vente est un contrat consensuel, synallagmatique, commutatif, à titre onéreux.

Parfaite indépendamment de toute écriture et de toute forme solennelle, elle impose des obligations et au vendeur et à l'acheteur. — Tenu de payer le prix convenu, l'acheteur reçoit en échange la promesse que son vendeur lui livrera l'objet acquis, lui en transférera et lui en garantira la propriété et la libre possession.

C'est de cette obligation de garantie du vendeur que nous devons nous occuper. Le principe en est contenu dans l'art. 1626 du Code Napoléon : « Quoique lors de la vente il n'ait été fait aucune stipulation sur la garantie, le vendeur est obligé de droit à garantir l'acquéreur de l'éviction qu'il souffre dans la totalité ou partie de la chose vendue et des charges prétendues sur cet objet et non déclarées lors de la vente. » — Ainsi, dans notre droit français, nous voyons expressément reproduit ce grand principe du droit romain, que le vendeur est tenu de *præstare auctoritatem*.

L'obligation de garantie n'est point toutefois de l'essence

de la vente; elle est seulement de sa nature; de là, il est permis aux parties contractantes de déroger par des conventions particulières aux règles de l'art. 1626. L'art. 1627 leur réserve expressément ce droit : « Les parties peuvent, par des conventions particulières, ajouter à cette obligation de droit ou en diminuer l'effet. Elles peuvent même convenir que le vendeur ne sera soumis à aucune garantie. »

I. — Quand y a-t-il éviction dans le sens de la loi? Quand cette éviction donne-t-elle lieu à l'action en garantie de l'art. 1626?

§ 1er. — L'éviction, *stricto sensu*, est la dépossession en vertu d'une sentence du juge; c'est, comme le dit Voët, en se plaçant au point de vue du revendiquant : « *Rei nostræ quam adversarius justo titulo acquisivit, facta recuperatio.* » — Cette éviction seule permettait, en droit romain, d'intenter l'action *ex stipulatu*. (V. loi 16, *de Evictionibus*, D., liv. XXI, tit. II.)

Le mot éviction, dans notre droit français, a un sens plus large; il indique la privation pour l'acheteur de tout ou partie des droits que devait lui transmettre la vente. Il y a donc éviction, soit quand l'acheteur ne conserve pas la chose, soit quand il ne la conserve pas à titre d'acheteur.

Ainsi, l'acheteur est évincé, non seulement lorsqu'il est dépouillé de la chose acquise, mais encore lorsque le fonds, objet du contrat, est grevé d'une servitude qu'on ne lui a pas fait connaître, ne jouit pas d'un droit dont on lui avait assuré l'existence. L'acheteur est encore évincé si, voulant se mettre en possession de l'objet vendu, il n'en acquiert la propriété qu'en s'imposant de nouveaux sacrifices pécuniaires. — Par exemple, l'immeuble à propos duquel est intervenu le contrat était grevé d'hypothèques, et, poursuivi par les créanciers inscrits, il est réduit à cette alternative de délaisser ou de les désintéresser ; ou bien encore, cet immeuble dont l'acheteur est bien aujourd'hui propriétaire n'appartenait pas au vendeur ; il l'a recueilli dans la succession d'un parent décédé.

§ 2. — Quand y a-t-il lieu à garantie ?

Ici, nous avons une première distinction à établir : l'acheteur est devenu propriétaire, soit à la suite d'une vente volontaire, soit à la suite d'une vente forcée.

A. L'acheteur est devenu propriétaire en vertu d'une vente volontaire, il faut encore examiner deux hypothèses différentes, suivant que l'éviction procède d'un fait personnel au vendeur ou d'un fait imputable à un tiers.

1° *L'éviction est l'œuvre du vendeur.* — L'acheteur a toujours et dans tous les cas recours contre lui. Il ne peut être permis au vendeur de dépouiller impunément celui-là même qui a suivi sa foi. Il s'est engagé à transmettre la propriété de sa chose ; qu'il accomplisse son obligation ou qu'il paie le prix de sa faute.

Le vendeur ici est tenu rigoureusement ; il est garant tout aussi bien des actes postérieurs à la vente que des actes antérieurs, dès lors que les actes émanent de lui. La même personne a cédé la même table, le même livre, à Pierre et à Paul, et cette cession est constatée par des actes sous seing privé. Cette même personne a cédé également à Paul et à Pierre l'immeuble A. Paul, dans la première hypothèse, fait immédiatement enregistrer son contrat de vente, tandis que Pierre, le premier acquéreur, reste dans l'inaction ; c'est Paul qui sera propriétaire, car, à l'égard des tiers, l'acte sous seing privé n'a date certaine que par l'enregistrement (1328). Pierre, dans la seconde, se hâte de faire transcrire son contrat d'acquisition ; dès ce moment, la propriété lui est acquise (loi du 23 mars 1855, art. 1er). — Dès lors, dans le premier cas, Pierre, dans le second, Paul, peut, avec certitude de gain, intenter contre son vendeur une action en justice et lui demander compte et raison de sa déloyauté.

Le vendeur, même après la vente, ne peut pas plus indirectement que directement porter atteinte aux droits de l'acquéreur. Il ne lui est pas plus permis, dans un intérêt personnel, de solliciter un voisin d'enlever à celui-ci un droit dont lui-même jouissait paisiblement que de demander, par exemple, à l'autorité administrative, de ne plus supporter tel acte de tolérance dont il a toujours profité, si seulement, au moment du contrat, il a été stipulé que le fonds qui en faisait l'objet était vendu avec tous les droits que le vendeur possédait et avait exercés jusqu'à ce jour. Ainsi, le propriétaire d'une usine, alimentée par des eaux dont le niveau a été fixé par un arrêté préfectoral non exécuté, cède cette usine *telle qu'elle est régie*, il doit laisser l'acquéreur profiter, s'il le peut, de l'oubli dans lequel cet arrêté est en quelque sorte tombé. Si, pour en retirer un avantage particulier, il provoque l'administration à exiger la stricte exécution du réglement, il sera soumis à garantie, car il a à s'imputer un fait personnel qui rend l'acheteur fondé à lui demander des dommages et intérêts (1). Il va de soi que, si l'administration agissait spontanément, le fait personnel disparaîtrait, et avec lui le principe de l'action en garantie.

Et, disons-le en passant, nous pouvons appliquer ces principes de l'obligation de garantie, non seulement à la vente, mais à toute obligation en général : Primus, après

_____

(1) Cassation, 8 janvier 1851. D., 1851, 1-7.

avoir hypothéqué, en 1850, un immeuble à la sûreté d'une créance existant au profit de Secundus, le vend à Tertius. Plus tard, lui-même obtient de l'acquéreur hypothèque sur le même immeuble. 1860 arrive, et Secundus omet, malgré les dispositions formelles de l'art. 2154, de renouveler son inscription. L'immeuble est vendu. Primus, dont l'inscription n'est point encore périmée, devrait être seul colloqué sur le prix : il n'en sera rien, car c'est de lui que Secundus tient ses droits, et il ne peut être désintéressé avant son ayant-cause, ou il le verra de suite, armé de son propre engagement, lui faire restituer ce qu'il aura reçu. — Un tiers bienveillant s'est porté fort pour un ami qui a déjà contracté envers lui plus d'une dette. Plus tard, cet ami ayant failli, il ne pourra toucher, au préjudice du créancier qui a exigé son intervention, les sommes qu'une collocation utile lui assure.

En un mot, toutes les fois que, de deux contractants, l'un a assuré à l'autre la jouissance d'un droit; que ce droit s'appelle droit de propriété, droit d'hypothèque ou de tout autre nom, celui qui a une obligation à remplir ne peut, par son fait, en retarder l'accomplissement ou en amoindrir l'effet. Spécialement, le vendeur est garant vis-à-vis de l'acquéreur de tout fait personnel, qu'il soit antérieur ou postérieur au contrat de vente.

2° *L'éviction procède du fait d'un tiers.* — C'est un tiers qui prétend à des droits sur la chose vendue et qui triomphe en justice. La cause d'éviction est complétement étrangère au vendeur. Deux conditions sont indispensables pour que l'action en garantie puisse prendre utilement naissance; il faut :

1° Que la cause soit antérieure à la vente. — La loi fait un devoir au vendeur de s'éclairer sur la nature et l'étendue de ses droits, de ne contracter qu'en parfaite connaissance de cause ; mais il n'eût été ni juste ni rationnel de faire peser sur lui une responsabilité illimitée et indéfinie. Du jour de la vente, il a cessé d'être propriétaire. Etranger désormais aux transformations que pourra subir l'objet vendu, il ne peut être tenu de sauvegarder les intérêts de l'acheteur contre des prétentions élevées, contre des événements arrivés sans participation aucune de sa part.

2° Que l'acheteur soit exempt de faute. — Chacun, en effet, doit supporter les suites de son propre fait ou de son inexpérience. Le simple bon sens démontre mieux que tout raisonnement que l'acheteur ne peut inquiéter son vendeur pour une éviction qui ne résulte que de ses propres agissements.

On peut dire hardiment qu'il n'est pas de principe qui ne comporte certaines exceptions. Aussi de la règle allons-nous d'abord rapprocher deux hypothèses dans lesquelles aucun recours n'est accordé à l'acheteur.

L'acheteur ne saurait agir par l'action en garantie :

1° S'il doit lui-même garantie à son vendeur. Alors, en effet, il est évident qu'il serait repoussé par la maxime : « *Quem de evictione tenet actio, eumdem agentem repellit exceptio.* » Primus, je suppose, a acquis de Paul un immeuble qu'il vend à Pierre, héritier de Paul. Pierre est évincé, par ce motif que Primus a acheté à *non domino* : la cause d'éviction est antérieure à l'acquisition. Primus, actionné par Pierre, lui répondra : « Soit ; je dois vous indemniser ; mais comme vous-même êtes à la place de mon vendeur, indemnisez-moi à votre tour. »

2° Si l'éviction est le résultat d'un cas fortuit ou d'une force majeure.

Hors ces deux cas, toutes les fois que l'acheteur exempt

de fautes sera évincé pour une cause antérieure à la vente, l'art. 1626 lui donne le droit d'agir en garantie. — Il serait aisé de poser de nombreux exemples; nous en citerons un seulement. Primus a reçu de son frère, à titre de donation, le fonds Cornélien; il le vend à Secundus. Quelque temps après la vente, il naît un fils au donateur, qui au moment de la donation n'avait pas d'enfants; la donation est révoquée de plein droit (art. 960) : Primus est censé n'avoir jamais été propriétaire; il n'a pu transférer à Secundus des droits qu'il est censé n'avoir jamais possédés. La cause de l'éviction est antérieure à la vente; c'est la donation faite à Primus par son frère. L'acheteur n'a commis aucune faute; l'annulation de la donation procède, non d'un cas fortuit, mais d'une loi régissant toutes les parties au temps du contrat : Secundus est évidemment fondé à exercer un recours contre Primus.

Malgré la simplicité apparente de ces principes, leur application donne cependant souvent lieu à hésitations et à controverses.

a. — Ainsi, reprenant notre exemple de tout-à-l'heure, je suppose que, au moment où le fonds Cornélien a été donné à Primus, et au moment de la vente consentie par Primus à Secundus, il n'y eût point de loi portant que les donations seraient révoquées pour cause de survenance d'enfants au donateur, et que, postérieurement à cette vente, une loi ait été édictée en ce sens. Primus, et par conséquent Secundus, verront-ils leur droit de propriété rétroactivement résolu, et, le cas échéant, Secundus aura-t-il le droit d'appeler Primus en garantie?

A la première question, nous ne craignons pas de répondre de suite négativement. Si, malgré les termes précis de l'art. 2 du Code Napoléon, certaines lois régissent les actes antérieurs à leur promulgation, ce n'est qu'autant que leurs dispositions sont telles qu'elles ne peuvent troubler l'ordre public, ni porter atteinte à des droits acquis.

On comprend, par exemple, qu'une loi venant régler d'une façon différente la forme des testaments, la capacité du testateur ou du légataire s'applique même aux testaments déjà faits, car le légataire, jusqu'à l'ouverture de la succession du *de cujus*, n'est point encore propriétaire de l'objet de son legs, et n'a rien autre chose qu'une espérance plus ou moins précaire. Dans l'espèce qui nous occupe, la situation est toute autre. La donation, aux termes de l'art. 894 du Code Napoléon, « est un acte par lequel le donateur se dépouille actuellement et irrévocablement de la chose donnée en faveur du donataire qui l'accepte. » Ce n'est donc pas une simple expectative, mais un droit certain, un droit désormais acquis, que la donation confère au donataire : dès lors une loi nouvelle ne saurait porter atteinte à un ordre de choses solidement établi par une loi ancienne.

Si nous avions accepté la solution opposée ; si nous avions décidé que, dans notre espèce, la loi nouvelle devait rétroagir, nous aurions accordé le recours en garantie à l'acheteur ; car la cause de l'éviction eût été, à proprement parler, non la loi édictée, mais la donation faite à Primus. Si Primus avait été propriétaire en vertu d'un contrat d'acquisition ou d'une donation ne tombant pas sous l'application de cette loi, Secundus n'aurait point été inquiété. Primus ne pouvait avoir la prétention de rester étranger aux conséquences qu'une loi déduirait d'un fait antérieur à la vente ; il doit donc désintéresser Secundus.

b. — Mais revenons encore une fois à notre exemple et retournons-le, si je puis m'exprimer ainsi : lorsque Primus reçoit de son frère le fonds Cornélien, nous sommes sous l'empire du Code Napoléon; bientôt apparaît une loi qui abolit les dispositions de l'art. 960, puis il naît un enfant au donateur. La donation sera-t-elle régie par le Code Napoléon, et dès lors sera-t-elle révoquée? Tiendra-t-elle, au contraire, d'après la loi nouvelle? Elle tiendra, car la loi nouvelle, cette fois, n'a pu blesser que des expectatives ayant pour seule base la loi même qu'elle est venue changer.

c. — Paul achète d'un étranger l'immeuble B situé en France; il est évincé; aura-t-il recours contre son vendeur? Oui, car la loi relative à la garantie s'occupe spécialement des biens, et protége tout particulièrement les transmissions à titre onéreux; en un mot, c'est une loi réelle. Si elle a trait aux personnes, ce n'est qu'incidemment et qu'autant qu'il est indispensable pour assurer l'exécution de ses prescriptions. Or, l'art. 4 de notre Code porte : « Les immeubles, même ceux possédés par des étrangers, sont toujours régis par la loi française. »

Mais *quid* si l'acheteur, dans ces conditions, au lieu d'être évincé d'un immeuble, succombe dans un procès relatif à la propriété d'un meuble? Ici, l'on doit donner une solution différente, suivant que l'on admet l'un ou l'autre de ces systèmes qui soutiennent : le premier, que les meubles appartenant à des étrangers et situés en France sont toujours régis par la loi française; le second, qu'ils obéissent en tous points à la loi étrangère; le troisième enfin, soutenu notamment par M. Demolombe qui, admettant en principe cette dernière opinion, fait néanmoins certaines réserves. Il y a ici, suivant ce savant auteur, comme une maxime du droit des gens, « comme un acte » de courtoisie et de convenance réciproques envers les » nations qui le pratiquent envers nous; mais ces motifs

» n'existent pas à l'égard des nations qui appliqueraient
» chez elles un principe contraire. Je m'expliquerais donc
» bien, continue M. Demolombe, que, dans ce dernier cas,
» on appliquât chez nous la loi française, si un intérêt
» français s'y trouvait engagé, car, après tout, il n'y a
» aucun texte qui puisse être violé » (1).

Je crois devoir rejeter de suite ce système intermédiaire.
A moins d'un texte précis, réglant différemment une matière suivant que le Français est en lutte avec une nation
amie ou une nation hostile, qui a ou qui n'a pas de traités
avec nous, on doit chercher à trancher d'une façon toujours
uniforme les difficultés soulevées. — Or, dans notre espèce, les termes mêmes de l'art. 3 nous offrent un élément
de décision; l'art. 3 passe en revue les lois qui doivent
régir, en France, la personne ou les biens des étrangers.
Les étrangers sont tenus de se soumettre à toutes les lois
de police et de sûreté; par *a contrario*, suivant nous,
pour toutes les autres lois personnelles, à moins qu'elles
soient telles qu'il en puisse résulter un trouble dans notre
ordre social, l'étranger reste soumis à la législation de son
pays.

Les immeubles, même ceux possédés par des étrangers,
sont régis par la loi française; dès lors que notre article
contient quant aux immeubles une disposition expresse
et qu'il reste muet quant aux meubles, on doit en conclure
encore *a contrario* que le législateur a implicitement déclaré que les meubles seraient régis par la loi étrangère :
« *Inclusio unius est alterius exclusio.* »

Pour rester convaincu de cette vérité, il semble qu'il
suffise de lire le rapport de M. le conseiller d'Etat Por-

(1) De la publication, des effets et de l'application des lois, page 111.

talis, présentant cet article 3 au Corps législatif, le 4 ventôse an XI : « Les lois qui règlent la disposition des biens,
» dit M. Portalis, sont appelées réelles ; ces lois régissent
» les immeubles, lors même qu'ils sont possédés par des
» étrangers..... Les propriétés particulières des citoyens,
» réunies et contiguës, forment le territoire public d'un
» Etat ; et, relativement aux nations étrangères, ce terri-
» toire forme un seul tout qui est sous l'empire du Sou-
» verain ou de l'Etat. La souveraineté est un droit à la fois
» réel et personnel. Conséquemment, aucune partie du
» territoire ne peut être soustraite à l'administration du
» Souverain, comme aucune personne habitant ce territoire
» ne peut être soustraite à sa surveillance ni à son autorité.
» — La souveraineté est indivisible. Elle cesserait de l'être
» si les portions d'un même territoire pouvaient être ré-
» gies par des lois qui n'émaneraient pas du même sou-
» verain. Il est donc de l'essence même des choses que les
» immeubles, dont l'ensemble forme le territoire public
» d'un peuple, soient exclusivement régis par les lois de
» ce peuple, quoiqu'une partie de ces immeubles puisse
» être possédée par des étrangers. »

La pensée du rédacteur de l'art. 3, nous la trouvons
tout entière dans ces paroles : Un Etat se compose de tous
les fonds de terre qu'il comprend ; souffrir que quelques-
uns de ces fonds soient régis par une loi étrangère serait
souffrir une atteinte directe aux droits et à la puissance
du Souverain.

De telles considérations ne peuvent s'étendre aux meubles, de leur nature essentiellement mobiles, et faciles à
déplacer. Les immeubles situés en France sont Français ;
chacun d'eux est une portion de notre sol. Les meubles
sont de toutes les nations, ou plutôt, ne sont d'aucune :

aujourd'hui en France, demain ils seront en Angleterre, après-demain en Russie ou en Prusse. Comment serait-il possible de régir leur transmission par une loi autre que celle du pays auquel appartient leur propriétaire ou leur détenteur ?

Ainsi donc, un étranger vend un meuble à un Français en France; si l'acquéreur recherche s'il a droit à garantie, il doit consulter la législation de la nation de son vendeur.

d. — L'acquéreur est évincé de l'immeuble acheté par un tiers devenu propriétaire en vertu d'une prescription commencée avant la vente. Devra-t-on considérer la prescription comme une cause d'éviction postérieure à la vente? — N'est-il pas plus juste de décider qu'ayant son point de départ à une époque antérieure au contrat, elle permet à l'acheteur de recourir contre son vendeur? — Enfin, ne faut-il pas au moins distinguer suivant les circonstances dans lesquelles elle s'accomplit?

Ces trois systèmes sont soutenus par les meilleurs esprits. Les partisans du premier raisonnent ainsi : La prescription est un moyen d'acquérir; on ne peut l'invoquer qu'autant que le laps de temps nécessaire pour qu'elle s'accomplisse est complétement écoulé; la veille du jour où elle doit s'accomplir, le possesseur n'est pas plus propriétaire qu'il ne l'était au moment de la prise de possession. Dès lors, n'est-il pas évident que c'est au jour seulement où ce possesseur ne peut plus être inquiété, où son droit de propriété est véritablement né, qu'on doit placer la cause d'éviction que souffre l'acquéreur (1).

Ce système semble avoir pour lui la logique du raisonnement et la saine interprétation de la loi. Cependant

(1) Troplong, I, n° 425. — Duvergier, I, n° 314. — Zachariæ, II, n° 516.

ceux qui soutiennent le second ne demeurent pas sans réplique. Le bénéfice d'une possession continue pendant trente ans n'a pas seul, disent-ils, créé au profit d'un tiers un droit de propriété. Il a conçu l'espérance d'acquérir ce droit du jour même où il s'est emparé de l'immeuble qui aujourd'hui lui appartient; ce jour-là s'est passé le premier des actes qui devaient le conduire à son but. Devenu propriétaire, il est censé l'être du moment où la prescription accomplie a commencé. La cause de son titre, qui est en même temps la cause de l'éviction que souffre l'acquéreur, est donc, au moins dans son germe, antérieure à la vente, et doit assurer à celui-ci un recours en garantie (1).

S'il fallait choisir entre ces deux opinions, nous n'hésiterions pas à nous ranger du côté de la première; mais il nous semble bien plutôt que l'on ne peut décider la question d'une façon définitive ni dans un sens, ni dans l'autre. Quand une éviction se produira dans les conditions que nous avons posées, il faudra nécessairement examiner les faits, les circonstances du procès. Des hypothèses bien différentes peuvent se présenter : au moment du contrat de vente, le fonds vendu était possédé par un tiers depuis quelques jours seulement; ou, au contraire, la prescription était déjà sur le point de s'accomplir. Que, dans la première espèce, l'acheteur n'ait rien à réclamer au vendeur, c'est de toute justice; mais peut-on en dire autant dans la seconde espèce? Comment? L'acheteur est dépouillé quelques semaines, quelques mois, quelques années même après son acquisition; son vendeur a souffert pendant

(1) La Cour de Pau, notamment, semble avoir admis ce principe le 9 décembre 1853 (D., 1855, 2-127).

vingt-cinq, vingt-six ans des actes qui devaient lui enlever la propriété de son immeuble peu de temps après la vente qu'il a consentie, et, alors que seul il est en faute, il resterait indemne, en présence du préjudice énorme souffert par l'acquéreur!

Bien plus, il se peut que l'objet vendu soit de ceux sur lesquels les actes de possession ne se font qu'à intervalles éloignés : une haie, par exemple, que l'on ne coupe que tous les trois ou tous les six ans, et c'est là précisément une espèce sur laquelle la Cour de Bordeaux a été appelée à statuer le 4 février 1831. La prescription s'accomplit avant même que l'acheteur ait pu faire acte de propriétaire; la Cour n'a-t-elle donc pas bien jugé, en déclarant que, dans ce cas, la garantie était due? — En résumé, suivant nous, on doit toujours se demander qui est en faute, l'acheteur ou le vendeur? Depuis combien de temps la prescription était-elle commencée au moment du contrat de vente? C'est une question toute d'appréciation (1).

e. — *Quid* si un créancier du vendeur met une surenchère sur le prix de vente et empêche ainsi l'acheteur de recueillir le fruit de son acquisition? On a soutenu que l'acquéreur ne pourrait prétendre à aucun recours en garantie. D'une part, disait-on, la surenchère, cause de l'éviction, est postérieure à la vente; d'autre part, elle ne provient pas du fait du vendeur. Or, la garantie n'existe que pour les causes antérieures à la vente, à moins qu'elles soient imputables au vendeur lui-même.

Ce système ne saurait prévaloir; il violait un texte de loi positif, l'art. 2191. Cet article 2191 déclare que « l'ac-» quéreur qui se sera rendu adjudicataire aura son recours,

____

(1) Marcadé, sur l'art. 1626-II. — Dalloz, vº Vente, nº 825.

» tel que de droit, contre le vendeur, pour le rembourse-
» ment de ce qui excède le prix stipulé par le titre et pour
» l'intérêt de cet excédant à compter du jour de chaque
» paiement. » Le législateur a reconnu, dans le cas où
l'acquéreur primitif se porte lui-même adjudicataire après
surenchère, le principe de garantie. Sa position doit évidemment être la même alors que, s'abstenant de prendre
part à l'adjudication, il voit passer en d'autres mains l'immeuble qui lui avait été précédemment cédé. « Il est libre
» de concourir ou de ne pas concourir aux enchères. L'ad-
» judication est un titre nouveau et distinct qui n'a rien de
» commun avec le contrat de vente volontaire qui l'a pré-
» cédée; l'acquéreur a été exproprié dès la première suren-
» chère; cette expropriation, suivie de l'adjudication, a
» donné ouverture à l'action en garantie contre le vendeur,
» sans distinguer le cas où l'adjudication resterait à l'acqué-
» reur de celui où elle serait faite au profit d'un autre (1). »

Aussi, aujourd'hui, la question qui nous occupe n'est-
elle même plus controversée (2). Ce qu'il importe seulement d'établir, ce sont les motifs vrais sur lesquels doit se
baser notre système.

Sur ce point, il y a désaccord entre les auteurs. Les uns,
parmi lesquels M. Troplong, soutiennent que, dans notre
espèce, il y a lieu à garantie, parce que l'éviction produite
par la surenchère est la suite d'un fait personnel au vendeur, qui pouvait le prévenir en désintéressant les créan-

(1) Merlin, rép. de jur⁰ᵉ, v° Tiers détenteur, n° 15.

(2) V. en ce sens : Pigeau, Proc. civ., t. 2, p. 439; — Duranton, t. 16,
n° 260; — Troplong, t. 1, n° 426; — Zachariæ, Ed. Massé et Verger, t. 4,
p. 294, note 8; — Marcadé, sur l'art. 1626-II; — Dalloz, v° Vente, n° 828;
— Cassation, 4 mai 1808; — Bordeaux, 21 avril 1836; — Cassation, 13 décembre 1843; Dev., 1844, 1-209; — Lyon, 13 août 1852. (D., 1584, 2-194.)

ciers; les autres, parce que le principe de l'action en garantie repose ici sur une cause antérieure à la vente.

Quant à moi, je cumulerais volontiers ces deux systèmes, sans les exclure l'un par l'autre, et je dirais : le recours en garantie a ici deux raisons d'être : un fait personnel du vendeur qui était tenu de tout faire pour empêcher l'exercice des droits qu'il avait conférés à ses créanciers; une cause antérieure à la vente, car si l'on recherche ce qui s'est passé avant le contrat, que voit-on? Un propriétaire qui concède à l'un de ses créanciers une hypothèque ou contracte une dette qui doit assurer à celui au profit de qui elle existe un privilége; puis il vend l'immeuble grevé soit de cette hypothèque, soit de ce privilége. En même temps que ce droit réel, le créancier a acquis le droit de recourir, au moment où l'immeuble sera vendu, aux dispositions de l'art. 2185. N'est-ce donc pas à cet instant où son droit lui a été soit consenti par son débiteur, soit accordé par la loi, qu'est née cette cause qui a plus tard donné lieu à l'éviction?

f. — Il peut arriver qu'un tiers, Primus, déclaré par jugement sur l'action en revendication qu'il a intentée propriétaire de l'immeuble vendu par Secundus à Tertius, néglige de mettre ce jugement à exécution, Tertius aura-t-il néanmoins le droit d'exercer son recours contre Secundus? — Non, si on en croit M. Troplong qui, au n° 449 de son contrat de vente, affirme que l'acheteur n'a point d'action contre son vendeur « s'il ne se présente personne pour » procurer l'exécution du jugement et lui donner effet (1). »

Nous ne saurions admettre une semblable solution. L'acheteur ne peut rester sous le coup de cette crainte

____

(1) M. Troplong, en tête de son ouvrage, cite comme contenant une théorie conforme la loi 57, *de Evictionibus*. L'illustre jurisconsulte commet ici une

continuelle; que celui au profit duquel la sentence a été
rendue la lui notifie et l'expulse ainsi d'un immeuble sur
lequel il n'a plus qu'un droit dont l'existence est subor-
donnée à la volonté d'autrui.

Il en serait autrement si le jugement était tombé en
péremption (1). De ce moment, en effet, il est certain que
personne ne pourra réclamer le bénéfice de ses dispositions; l'acheteur conserve donc une possession paisible.
Cependant, bien que, par l'effet de la péremption, les
parties se trouvent replacées dans la position où elles
étaient avant l'instance, il faut bien reconnaître que la
situation de l'acheteur n'est pas identiquement la même.

Jusqu'au jour où assignation lui a été donnée à justifier
de ses droits sur l'immeuble qu'il possède, il s'est cru bien
réellement propriétaire. Les débats qu'il lui a fallu suivre
ont établi qu'il se trompait. Je sais que tous les actes de
la procédure sont éteints; que l'on ne saurait désormais
les invoquer; mais les droits des parties demeurent entiers,
et celui-là même qui a laissé périmer le jugement qu'il a
obtenu peut ressusciter demain ses prétentions.

Dans ces circonstances, je crois que l'acheteur doit
trouver un secours dans la loi; qu'il doit être fondé à
demander la nullité de la vente, non pas, comme on l'a
dit (2), en s'appuyant sur une décision judiciaire qui est

erreur; dans l'hypothèse prévue par la loi 57, si l'acheteur *habere licere
rem videtur*, c'est qu'en réalité il est désormais à l'abri de toute attaque.
Cette loi suppose, en effet, que le fisc ne peut plus s'emparer des biens du
véritable propriétaire mort sans héritier. Elle suppose donc que le *de cujus*
est mort depuis quatre ans déjà, et que le détenteur de l'immeuble qui le
possède depuis le même temps est par là devenu propriétaire incommutable.

(1) Troplong, n° 419; — Duvergier, t. 1, n° 326; — Dalloz, v° Vente, n° 811.

(2) Duvergier, t. 1, n° 326.

réputée n'avoir jamais existé, mais en offrant d'administrer la preuve de ce fait que son vendeur n'étant pas propriétaire, n'a pu lui transférer qu'un droit de propriété illusoire. Je crois aussi qu'il pourra, s'il n'a pas soldé le prix de son acquisition, invoquer le bénéfice de l'art. 1653 et suspendre le paiement jusqu'à ce que son vendeur lui ait enlevé tout sujet d'inquiétudes.

g. — L'acheteur est devenu propriétaire à la suite de la vente par licitation d'un immeuble impartageable, les colicitants sont tenus à garantie. En vertu de ce principe, la Cour de cassation a décidé qu'un colicitant réunissant en lui les deux qualités de colicitant et de créancier inscrit sur l'immeuble licité ne pourrait exercer la surenchère du dixième de l'art. 2185, car, évinçant l'acquéreur, il serait repoussé par l'exception : « *Quem de evictione tenet actio* » *eumdem agentem repellit exceptio* (1). » Il pourrait, au contraire, utilement surenchérir du sixième; l'art. 708 est général dans ses termes : « toute personne pourra, » dans les huit jours qui suivront l'adjudication, faire, par » le ministère d'un avoué, une surenchère, pourvu qu'elle » soit du sixième au moins du prix principal de la vente. » D'un autre côté, cette surenchère du sixième n'entraîne point l'éviction; elle se produit à une époque où l'adjudication n'est point encore parfaite; elle est « une condition » suspensive de toutes ventes à la criée et est pour elles ce » qu'est l'action en lésion dans les ventes purement volon- » taires (2). »

B. — L'acheteur est devenu propriétaire en vertu d'une

---

(1) Cour de cassation, 3 juin 1853 (D., 1853, 1-211). — En ce sens, Troplong, n° 432.

(2) Cour de Riom, 22 février 1851 (D., 1853, 2-210).

vente judiciairement faite sur saisie immobilière, et il a compté aux saisissants le prix de l'adjudication. Ici, la situation est complexe; l'adjudicataire évincé se trouve en présence, d'une part, du précédent propriétaire; d'autre part, des créanciers du précédent propriétaire; du précédent propriétaire qui a vendu ou plutôt laissé vendre comme sien un immeuble qui ne lui appartenait pas; des créanciers qui ont touché le prix de cet immeuble, mais qui, en définitive, n'ont reçu que ce qui leur était légitimement dû. Quels sont les droits de cet adjudicataire? Pourra-t-il répéter du précédent propriétaire seul le prix qu'il a payé, et devra-t-il supporter son insolvabilité? Doit-on, au contraire, l'admettre à réclamer remboursement du prix contre ceux-là qu'il a servi à désintéresser?

Il n'est pas de question plus controversée. Tandis que les uns lui accordent action en garantie tout à la fois contre le saisi et le saisissant (1), les autres lui refusent tout recours (2). Enfin, tandis que la plupart des auteurs lui accordent droit à la répétition du prix contre les créanciers (3), d'autres lui dénient même ce droit (4).

Pour nous, laissant de côté les opinions extrêmes, nous croyons que deux actions compètent à l'adjudicataire

(1) Pigeau, Procédure civile, t. 2, p. 252. — Persil, Quest., t. 2, p. 241.

(2) Chauveau, sur Carré, n° 2409. — Troplong, n° 432. — Zachariæ, Ed. Massé et Verger, t. 4, p. 294, note 4.

(3) Chauveau, sur Carré, n° 2409. — Marcadé, sur l'art. 1626. — Zachariæ, loc. cit. — Troplong, n°ˢ 432 et 498. —Duvergier, t. 1, n° 346. — Dalloz, v° Vente, n° 835. — En ce sens : Lyon, 15 décembre 1841 (D., 1842, 2-123). — Rouen, 25 juin 1849 (D., 1850, 2-146). — Riom, 30 janvier 1850 (D., 1850, 2-382).

(4) Delvincourt, t. 3. — Duranton, t. 13, n° 686. En ce sens : Colmar, 21 juillet 1812 (Sirey, 1813-2-241). — C. de Riom, 1851 (D., 1852, 2-258).

évincé : action en garantie contre le précédent propriétaire; action en répétition du prix contre les créanciers qui l'ont reçu.

Action en garantie contre le précédent propriétaire, car, s'il n'est pas à proprement parler vendeur, il n'en est pas moins vrai que, se présentant à tous comme véritable propriétaire d'un bien à la détention duquel il n'avait aucun titre, il a, par son fait, induit les tiers en erreur. C'est sa foi que l'adjudicataire a suivie. Il a cru à sa possession avant la vente; à son silence au moment de l'adjudication.

Quant aux créanciers, ils sont les premiers trompés; ils n'ont point d'ailleurs vendu eux-mêmes; leur rôle s'est borné à requérir de la justice l'exécution de leur débiteur, et dès lors qu'aucune faute personnelle ne leur est imputable, on ne peut leur imposer aucune responsabilité. — Si, toutefois, certaines circonstances particulières démontraient qu'ils ont agi avec légèreté, avec imprudence, avec mauvaise foi peut-être, alors ils ne seraient plus protégés par cette ignorance que nous invoquions en leur faveur. Ainsi, la cause de l'éviction, c'est non plus un fait personnel au vendeur, mais une irrégularité dans la procédure suivie à fin de saisie immobilière; mais, cet autre fait que les créanciers ont indiqué comme faisant partie de l'immeuble vendu et, partant, compris dans la vente, un champ, une maison sur laquelle leur débiteur n'a jamais fait aucun acte de possession; dans ce cas, ils sont seuls fautifs, c'est contre eux que l'adjudicataire devra agir. Mais, nous le répétons, à moins qu'ils se soient créés au procès par leurs agissements une position particulière et spéciale, ils ne peuvent être responsables des suites de l'adjudication et doivent demeurer indemnes. S'ils sont quelquefois inquiétés, c'est en raison des dispositions de l'art. 1382, et non de l'art. 1626.

L'adjudicataire, disons-nous encore, peut répéter des créanciers le prix qu'il a payé. On a soutenu avec énergie que, dès lors que ceux-ci n'avaient encaissé que les sommes qu'ils pouvaient légitimement exiger de leur débiteur, ils ne s'étaient point enrichis et, en conséquence, avaient le droit de les conserver. — Et l'on veut puiser dans le droit romain un argument à l'appui de ce système. C'est la loi 44, *de Condictione indebiti*, qui pose le principe que : « *Repetitio nulla est ab eo qui suum recepit, tametsi ab alio quam vero debitore solutum est* (1). » — Cette loi vise une hypothèse toute autre que celle qui nous occupe. En effet, elle suppose que le débiteur lui-même ou un tiers, payant en son acquit, a désintéressé un créancier, par exemple, avant le terme, avant son rang de collocation; mais, dans l'un et l'autre cas, le débiteur ou le tiers a agi en parfaite connaissance de cause, sans se méprendre sur la nature ou l'étendue de son engagement. De sa part, il n'y a eu erreur ni sur l'existence de la dette, ni sur la personne du créancier, ni sur les motifs qui le portaient à payer. Si l'erreur eût été autre, il aurait pu invoquer l'action en répétition, même en droit romain.—Du principe de la loi 44, il faut rapprocher cet autre principe de la loi 65, § 9 : « *Indebitum est non tantum quod omnino non debetur, sed et quod alii debetur, si alii solvatur aut si id quod alius debebat, alius quasi ipse debeat solvit.* » Et la loi 19, *Condictione indebiti* : « *Quamvis debitum sibi quis recipiat, tamen, si is, qui dat, non debitum dat, repetitio competit :* VELUTI SI IS QUI HÆ-

____

(1) Dig., liv. 12, tit. 6.

REDEM SE VEL BONORUM POSSESSOREM FALSI EXISTIMANS
CRÉDITORI HÆREDITARIO SOLVERIT. » — L'espèce prévue
par la loi 19 n'est-elle pas en tous points conforme à la
nôtre? Dans la loi 19, c'est Primus qui, se croyant héritier de Secundus, paie les dettes de la succession; — dans
notre espèce, c'est encore Primus qui, se croyant, en
vertu d'une adjudication, propriétaire d'un immeuble de
Secundus, se croyant son ayant-cause, a payé les dettes
que celui-ci avait contractées. — Si Primus n'avait point
été convaincu qu'il était héritier ou acquéreur et, par suite,
propriétaire des biens compris dans la succession ou dans
la vente, il n'eût certes point acquitté des obligations dont
il n'était point tenu. Dans les deux espèces donc que
nous avons comparées, l'erreur a une cause identique.

Du reste, sans nous arrêter au droit romain, et quand
bien même il serait vrai que, sous la législation romaine,
la loi 44 dût seule régir la matière, il nous semble que,
dans notre droit, l'art. 1377 assure gain de cause à l'adjudicataire qui veut poursuivre les créanciers désintéressés.
Art. 1377 : « Lorsqu'une personne qui, par erreur, se
» croyait débitrice, a acquitté une dette, elle a le droit
» de répétition contre le créancier. » — Prétendre que l'adjudicataire qui, on est bien obligé de le reconnaître, a payé
une dette qu'il croyait à tort être à sa charge personnelle,
n'a pas recours contre les créanciers, c'est violer le texte
même de la loi.

A cette règle générale, la seconde partie de l'art. 1377
apporte une dérogation : « Néanmoins, ce droit (droit de
répétition) cesse dans le cas où le créancier a supprimé
son titre par suite du paiement, sauf le recours de celui
qui a payé contre le véritable débiteur. » De là, si les titres
de créanciers payés par l'adjudicataire ont été détruits ou

supprimés, il ne pourra demander le remboursement du prix qu'il a compté qu'au saisi seul.

L'adjudicataire qui, au lieu de désintéresser un créancier du précédent propriétaire, a désintéressé un cessionnaire, peut également répéter de celui-ci l'argent qu'il a reçu. Ici encore, il a payé ce qu'il ne devait point.

De ce que nous admettons que l'adjudicataire, en principe, peut répéter les sommes qu'il a versées aux créanciers ou cessionnaires, il n'en résulte pas que l'on doive décider par analogie que le créancier hypothécaire qui a désintéressé un autre créancier qui lui était préférable aura recours contre lui, si l'hypothèque attachée à la créance vient à s'évanouir en même temps que le droit de propriété de celui qui l'avait consentie. — La position, en effet, est loin d'être la même. L'adjudicataire n'a payé le créancier de son vendeur que contraint et forcé; le créancier, lui, a accompli un acte purement volontaire, spontané, croyant agir au mieux de ses intérêts et s'assurer un profit personnel. — Cette distinction a été parfaitement mise en relief par un jugement du tribunal de la Seine, du 9 juillet 1853, confirmé par la Cour de Paris le 5 juillet 1854, et rapporté par Dalloz, année 1856, 2ᵉ partie, page 78.

III. — Les parties peuvent, suivant leur volonté ou leur caprice, déroger au principe posé en l'art. 1626. Ainsi, il leur est loisible (art. 1627) « d'ajouter à cette obligation de » garantie ou d'en diminuer l'effet ; elles peuvent même » convenir que le vendeur ne sera soumis à aucune garan- » tie. » Dans ce cas, toutefois, l'acheteur évincé a, malgré la stipulation de non garantie, droit à la restitution du prix, à moins qu'il n'ait connu lors de la vente le danger d'évic- tion ou qu'il n'ait acheté à ses risques et périls (art. 1629, Code Nap.).— Une seule restriction est apportée aux droits

des contractants par l'art. 1628 : « Quoiqu'il soit dit que le
» vendeur ne sera. tenu à aucune garantie, il demeure ce-
» pendant tenu de celle qui résulte d'un fait qui lui est per-
» sonnel : toute convention contraire est nulle. » — Faire
remise au vendeur de tous ceux de ses actes qui ont précédé la vente, accepter d'avance comme légitimes tous ceux
qui la suivront, ce serait tenir la porte ouverte à la fraude
et à la mauvaise foi. — Aussi M. Faure, dans son rapport
au Tribunat, dit-il : « Une première règle incontestable est
» que le vendeur doit toujours répondre de son propre fait.
» Quand même le contrat porterait qu'il ne s'est soumis à
» aucune garantie, la clause ne pourrait s'étendre à ce cas
» particulier. La règle prend sa source dans la bonne foi,
» qui doit présider à tous les contrats : il serait contre toute
» justice de souffrir que le vendeur profitât de sa fraude, et
» contre toute raison, de présumer que l'acquéreur a bien
» voulu lui permettre de le tromper impunément. » — Toutes
les fois, au contraire, que l'acheteur pourra décharger le
vendeur, même de certains faits personnels, en parfaite
connaissance de cause, il recouvrera toute sa liberté. Rien
ne s'oppose donc à ce qu'il renonce à inquiéter le vendeur,
si tel fait qu'on lui révèle vient à apporter un trouble dans
sa possession.

Ce seul fait que le vendeur fait connaître à l'acquéreur le
danger de l'éviction équivaut à une clause de non garantie.
Il semble alors que l'acheteur a entendu prendre à sa charge
le danger qui lui était signalé. Cela résulte d'ailleurs des
termes mêmes de notre art. 1626 : « Le vendeur est garant
» des charges prétendues sur l'objet et *non déclarées lors*
» de la vente, » et l'esprit de notre loi est conforme à
l'esprit du droit romain. (Loi 27, C., *de Evictionibus*.)

Mais le vendeur n'a point dénoncé à l'acheteur, au moment du contrat, le danger de l'éviction. Il est toutefois certain que celui-ci l'a connu avant de traiter. Pourra-t-il néanmoins agir en garantie?

La négative n'était pas douteuse en droit romain. La loi 27, au Code, *de Evictionibus*, liv. 8, tit. 45, rendait toute équivoque impossible : « *Si fundum* SCIENS *alienum vel obligatum comparavit Athenocles neque quicquam de evictione convenit.* » Cicéron a reproduit cette règle *de Officiis*, liv. 3, n° 13 : « *Ubi judicium emptoris est, ibi fraus venditoris quæ potest esse?* »

L'ancienne jurisprudence a été unanime pour admettre ce principe. Ainsi, aucun recours n'était accordé pour l'éviction causée par le retrait lignager, parce que ce retrait procédant « *ex consuetudine nota, lippis et tonsoribus,* » avait dû être prévu par l'acheteur.

On doit encore aujourd'hui, suivant la doctrine et une jurisprudence conformes, décider dans le même sens. — Le vendeur, dit-on, ne peut être tenu d'apprendre à l'acheteur ce qu'il sait déjà. C'est une application de cette règle que nous trouvons posée dans l'art. 841 du Code Napoléon. L'art. 841 permet à un cohéritier d'écarter du partage toute personne qui, n'étant pas successible du défunt, a traité avec son cohéritier, et ce à la seule condition de lui rembourser le prix de la cession. Le cessionnaire ne peut prétendre à aucuns dommages et intérêts, car nul n'est censé ignorer la loi, et il a dû connaître le texte qu'on invoque contre lui. — C'est encore en raison des mêmes motifs que le législateur n'a pas voulu que le vendeur fût soumis à un recours pour l'existence de servitudes apparentes (1638), ou de défauts visibles de la chose (1649).

Mais si les auteurs sont d'accord pour formuler la règle, il est un point sur lequel ils se divisent dans son application. Plusieurs auteurs pensent qu'il doit être fait exception à l'égard des hypothèques qui peuvent grever la chose vendue. L'acheteur, qui a connu ces hypothèques, a dû, suivant eux, penser que le vendeur désintéresserait lui-même les créanciers auxquels il les avait consenties. Dès lors, convaincu qu'il n'avait rien à redouter de ce côté, la connaissance du véritable état des biens n'a pu lui faire présumer une éviction, et s'il ne l'a pas cru possible, il n'a pas pu en accepter les suites. Toutefois, si les hypothèques grevant les immeubles procèdent, non du vendeur lui-même, mais d'un vendeur antérieur, ceux-là mêmes qui posent l'exception que nous venons d'indiquer soutiennent deux avis opposés : M. Duvergier (t. 1, n° 316), et avec lui M. Zachariæ, affirment qu'il importe peu que les hypothèques aient été accordées par un vendeur antérieur ou par un vendeur direct. M. Troplong, au contraire, plus logique et plus vrai, soutient que si les hypothèques n'émanent pas du vendeur lui-même, il faut faire retour à la règle, car l'engagement n'étant plus personnel au vendeur, son honneur n'est plus en jeu; et les motifs qui peuvent conduire l'acheteur à penser que le vendeur désintéressera les créanciers inscrits n'existent plus lorsque ces créanciers sont en réalité les créanciers d'autrui.

Nous aimons mieux nous ranger à l'opinion de M. Marcadé, qui ne veut établir aucune différence entre les hypothèques, quelles qu'elles soient, et les autres charges qui grèvent l'immeuble. « La loi parle de toutes charges, sans » en distinguer la cause, et de tout danger d'éviction, sans » en distinguer la nature; la déclaration est donc néces- » saire toujours ou ne l'est jamais. »

Maintenant que nous avons examiné ces systèmes, partant tous de ce principe que la déclaration du vendeur est superflue, oserons-nous, seul peut-être de cet avis, soutenir contre la doctrine que, malgré l'autorité du droit romain et de l'ancienne jurisprudence, la déclaration expresse du vendeur est indispensable, sous notre législation, pour que la connaissance du danger de l'éviction vaille clause de non garantie ?

Et d'abord, que l'on se reporte aux termes de l'article 1626 : « Le vendeur est tenu de garantir l'acquéreur des charges *non déclarées* lors de la vente. » *Non déclarées* lors de la vente, que veulent dire ces mots, si ce n'est que, pour qu'une dérogation puisse être admise au principe de garantie, il faut que le vendeur ait déclaré, en d'autres termes, dénoncé le véritable état des biens. Si le législateur avait eu une autre pensée, s'il avait voulu, comme on le prétend, enlever le bénéfice de cet article 1626 à l'acheteur qui a su même indirectement ce que le vendeur lui célait, n'est-il pas certain qu'il eût consacré cet autre principe par des termes plus généraux, plus étendus ; qu'il eût parlé, non point des charges *non déclarées*, mais des charges *inconnues, ignorées de l'acheteur*.

Incontestablement, le texte de la loi nous est favorable ; c'est beaucoup déjà, ce n'est pas tout encore, car c'est surtout par le raisonnement que se justifie notre opinion. Pourquoi le vendeur n'est-il point garant des charges déclarées? Parce que l'acheteur n'a pu se faire illusion sur le danger qu'on lui a fait connaître ; que s'il a traité quand même, il a voulu prendre à ses risques et périls l'éviction à venir ; mais l'acheteur, qui a appris par des tiers désintéressés que le droit de propriété de son vendeur n'était pas solidement assis, est-il dans la même situation? Doit-il ajouter foi entière à tous les propos tenus, et si le vendeur en qui il a confiance n'appelle pas son attention sur les points qu'on lui a signalés, n'est-il pas fondé à croire qu'on a exagéré les faits? L'une des règles les plus élémentaires de notre droit, c'est que la bonne foi se présume toujours ; et vous voulez que sa première pensée soit que le vendeur lui cache la vérité, cherche à abuser de sa confiance ; vous voulez qu'il présume la mauvaise foi ! Je comprends que si l'immeuble est cédé à un prix évidemment moindre que son prix réel, on en tire la conséquence que l'*alea* a été pris en considération ; car alors, sans doute, il en a été question dans les pourparlers qui ont précédé la vente, et ces débats dans lesquels le vendeur a avoué ses craintes sont presque une dénonciation ; mais, si l'immeuble est vendu ce qu'il vaut, si l'acheteur, faisant bon marché d'affirmations étrangères, a suivi la foi de son vendeur, lui enlèvera-t-on tout recours parce que, encore une fois, il n'a pas présumé ce qu'il lui était défendu de présumer?

—Vous oubliez, me dira-t-on peut-être, l'art. 841 et les art. 1638 et 1642. Eh bien ! qu'importe ; la théorie que je soutiens ne porte aucune atteinte aux principes qu'ils édictent, et les arguments mêmes que vous prétendez puiser dans ces articles ne sont pas sérieux. Ce que j'affirme, c'est que l'acheteur qui n'est pas éclairé par le vendeur lui-même sur les charges qui grèvent ses biens doit naturellement les considérer comme libres : les articles 1638 et 1642 visent des hypothèses où l'on ne pouvait décider dans ce sens, parce que l'illusion n'était pas possible ; on ne peut ignorer des faits apparents ; le danger d'éviction a-t-il, pour se révéler ainsi à tous, une forme corporelle? — L'art. 841, s'il veut que le cessionnaire de droits héréditaires, écarté du partage, ne réclame que le prix de la cession, suppose que le cédant lui a déclaré l'origine de ses droits; s'il ne l'a pas fait, s'il a vendu, comme lui appartenant en totalité, des immeubles indivis, il sera tenu à garantie; l'art. 841 n'apporte donc aucune dérogation à l'art. 1626 et ne peut, dès lors, servir de base à une opinion contraire à la nôtre.

Les parties qui peuvent, à leur gré, diminuer les effets de l'obligation de garantie, peuvent aussi les étendre. — Est valable, par conséquent, toute stipulation ayant pour but : soit de rendre applicables les dispositions de l'article 1626 à des cas qui restent en dehors de ses prévisions, soit d'assurer à l'acheteur, s'il est évincé, un chiffre de dommages et intérêts plus considérable que celui qu'il obtiendrait aux termes de la loi. On peut convenir, par exemple, que le vendeur sera garant même de la force majeure et du fait du prince; que, si l'éviction se produit, il paiera à l'acquéreur une somme déterminée de mille, dix mille, vingt mille francs. C'est là une clause pénale parfaitement licite. Il est indispensable seulement que toute clause de ce genre soit claire et précise. Ainsi, une clause de style, telle que celle qui astreint le vendeur à garantir pour tous troubles ou empêchements quelconques, insérée par les notaires, le plus souvent sans instructions spéciales, ne saurait assurer à l'acheteur un recours plus large que celui qui lui est accordé de droit. — Cette clause, cependant, quelque banale qu'elle soit, aurait effet quant aux causes d'éviction dénoncées à l'acquéreur au moment du contrat; elle fait disparaître cette présomption que l'acheteur a accepté les chances bonnes ou mauvaises auxquelles son droit de propriété était subordonné. C'est ainsi que la Cour de Rennes, le 14 juin 1841, a décidé que le mari qui, vendant les propres de sa femme, sans son consentement, s'était expressément soumis à la garantie, opposerait vainement à l'acquéreur qu'il savait que ces biens ne lui appartenaient pas. C'est ainsi que, dans une espèce analogue, la Cour de Bordeaux a, avec raison, statué dans le même sens le 27 juillet 1854.

CHAPITRE II.

De l'Action en Garantie.

I. — *L'action en garantie est indivisible.*

II. — *Un second acheteur peut poursuivre le premier vendeur* omisso medio.

III. — *L'action en garantie doit, en principe, être portée devant le tribunal saisi de la demande principale.*

IV. — *Délais pour l'intenter.*

V. — *De la garantie simple. — De la garantie formelle.*

C'est celui qui a vendu un immeuble ou qui a promis la libre possession d'un droit qui est garant vis-à-vis de celui avec lequel il a traité. — C'est donc contre lui que sera dirigée l'action en garantie ; mais, tout d'abord, une première question se présente :

I. — Si le vendeur est mort laissant plusieurs héritiers, comment devra-t-on procéder ? Primus vend à Secundus le fonds Cornélien ; il meurt ; trois fils, Tertius, Quartus et

6

Quintus, recueillent sa succession ; puis Secundus est évincé. Secundus peut incontestablement assigner tout à la fois ces trois enfants qui, chacun, pour leur part, représentent le *de cujus*. Il peut aussi exercer son recours contre l'un d'eux seulement, et celui qu'il aura choisi devra défendre pour le tout à la demande.

Aux termes de l'art. 1217, en effet, « l'obligation est divisible ou indivisible, selon qu'elle a pour objet ou une chose qui, dans la livraison, ou un fait qui, dans l'exécution, est ou n'est pas susceptible de division soit matérielle, soit intellectuelle. »

Or, ici, ce que réclame au premier chef Secundus n'est pas une chose qui puisse se diviser en portions égales, dont on peut retenir une partie et abandonner l'autre ; c'est qu'on le rétablisse dans un droit qu'on lui a promis et qui lui a été enlevé ; qu'on exécute en tous points l'obligation qui résulte, par exemple, pour le vendeur du contrat de vente. Cette obligation ne saurait s'exécuter pour partie ; on ne comprendrait pas l'exercice d'un quart, des trois quarts d'un droit qui n'existe utilement qu'autant qu'il est entier.

Il n'y a pas de milieu ; de même il n'est pas possible de défendre à un procès pour une part virile, de fractionner le litige : « *Defensionis causa individua est ; defensio pro parte ridicula est, aut nihil agit qui defendit, aut defendit in solidum.* » L'obligation de garantie qui, encore une fois, a pour objet un fait, le fait de faire jouir l'acheteur, est indivisible.

L'héritier assigné pour la totalité de cette obligation peut demander un délai pour mettre en cause ses cohéritiers (1225) ; il y a intérêt, afin de faire diviser entre eux et lui les frais de l'instance, et d'en obtenir aide et secours. Mais s'il reste seul au procès et qu'il vienne à succomber, il ne peut être condamné à procurer au garanti le bénéfice même d'une obligation qu'il n'est plus en son pouvoir d'accomplir; il est seulement passible de dommages et intérêts. Or, cette obligation de garantie, indivisible *quoad petitionem*, devient divisible *quoad damnationem*. La dette d'une somme d'argent qu'elle engendre se divise de plein droit entre tous ceux auxquels elle incombe (1220); dans l'espèce, entre les héritiers de Primus, proportionnellement à leurs parts héréditaires. Tertius et Quartus, qui sont demeurés étrangers à la contestation, pourront aisément se soustraire aux effets de ce jugement; il leur suffira de se retrancher derrière cette maxime : *Res inter alios judicata aliis neque prodesse neque nocere potest.* » Et il faudra contre l'un et l'autre un nouvel ajournement, un nouveau procès. Il importe donc sur ce point à Secundus de les mettre tous en cause dès le premier acte de procédure.

Tout ce que nous venons de dire reçoit également son application lorsque plusieurs personnes ont vendu conjointement la même chose. Si elles ont vendu solidairement, leur position, régie par les principes des obligations solidaires, les contraint à payer pour le tout, même les dommages et intérêts alloués à l'acheteur.

Si, au lieu du vendeur, c'est l'acheteur qui vient à décéder, ses héritiers, jusqu'au moment du partage, n'ont droit à réclamer des dommages et intérêts que pour leur part héréditaire. Après le partage, la fiction de l'art. 883 d'après laquelle le cohéritier qui a reçu dans son lot l'immeuble, cause de la demande en garantie, est censé en avoir toujours été seul et unique propriétaire, lui permet 'd'agir pour le tout contre le garant, et si celui-ci est insolvable, il fera supporter à ses cohéritiers leur part de cette insolvabilité (884, 885, C. Nap.).

II. — Un second acheteur peut-il exercer son action en garantie, *omisso medio*, contre le vendeur primitif? Primus vend à Secundus, celui-ci à Tertius, qui est évincé. Tertius peut-il agir directement contre Primus? L'intérêt de la question est évident : si Tertius exerce contre Primus, en vertu de l'art. 1166, les actions qui appartiennent à Secundus, et que Secundus soit insolvable, les sommes qui lui sont allouées devront être partagées au marc le franc entre lui et les autres créanciers de son vendeur. Si, au contraire, il peut actionner Primus en son propre nom, il conserve seul le bénéfice des condamnations qu'il pourra obtenir.

En droit romain, nous le savons, la loi 59, *de Evictionibus*, tranchait la question dans le sens de la négative : « *Si res quam a Titio emi legata sit a me, non potest* » *legatarius conventus a domino venditori meo denun-* » *tiare, nisi cessæ ei fuerint actiones vel quodam casu* » *hypothecas habet.* »

De nos jours, l'affirmative est universellement admise. Le vendeur cède sa chose avec tous les droits qui lui appartiennent, *cum omni sua causa*; il cède en même temps l'action contre son propre vendeur, le subroge tacitement dans ses droits. Ainsi, dans notre espèce, Tertius peut demander à Primus ce que Secundus aurait eu le droit d'en exiger; mais rien de plus, car, s'il peut l'assigner en son nom, il n'en est pas moins vrai qu'il exerce l'action de Secundus, mais devenue sienne, et que dès lors il ne peut avoir de droits plus étendus que celui-ci. Ainsi l'ont pensé Domat et Pothier. Domat, liv. 1er, sect. 2 :

« La demande en garantie peut être fournie tant par l'ac-
» quéreur que par ses représentants. Ainsi l'héritier de
» l'acquéreur aura le même droit que lui. Un second
» acquéreur aurait aussi le même droit comme exerçant
» les droits du premier acquéreur; » et Pothier, *Traité du
Contrat de vente*, n° 149 : « Lorsque je vends quelque
» chose à quelqu'un, je suis censé lui vendre et transporter
» tous les droits et actions qui tendent à faire avoir cette
» chose, et, par conséquent, l'action *ex empto* que j'ai
» contre mon vendeur, *ut præstet rem habere licere.*
» Cela paraît renfermé dans l'obligation que je contracte
» moi-même envers lui : *Præstandi ei rem habere licere.*»

Par des raisons identiques, le donataire lui-même, auquel
le donateur a voulu sans doute transférer tous ses droits
sur la chose objet de la donation, est fondé à agir en garantie, s'il y a lieu, contre le vendeur avec lequel ce donateur avait précédemment traité.

III. — L'acheteur inquiété a le choix entre deux partis
à prendre : soutenir seul le débat, et s'il succombe, assigner son vendeur afin de le faire condamner à le garantir,
ou bien appeler immédiatement son vendeur en cause.
— Dans le premier cas, il sera obligé de se soumettre
à toute la procédure des affaires ordinaires, à toutes les
dispositions qui les régissent; son vendeur devra tout
d'abord être cité en conciliation; le tribunal compétent
sera celui du domicile du vendeur. — Dans le second cas,
au contraire, aux termes de l'art. 47 du Code de procédure, le débat se porte directement devant le tribunal civil,
sans qu'il soit besoin de préliminaires de conciliation; le
tribunal compétent est celui où la demande originaire est
pendante. — Ainsi, à ce premier point de vue déjà, il est

infiniment plus simple pour l'acquéreur de s'adresser dès
les premières poursuites à son vendeur et de l'appeler au
procès auquel il défend ; il y gagnera deux choses inap-
préciables en matière judiciaire : célérité, unité de procédure. — Mais si cette voie, je viens de le démontrer,
est plus simple, elle est surtout beaucoup plus sage. Dès
lors, en effet, que le vendeur a été partie à l'instance, à la
suite de laquelle l'acquéreur a été évincé, le recours de
celui-ci est assuré : « *res judicata pro veritate habetur.* »
Tout jugement passé en force de chose jugée ne souffre
aucun contrôle et doit être considéré entre les parties, et
par conséquent ici contre le vendeur, comme l'expression
de la vérité. — L'acheteur, au contraire, qui a négligé de
dénoncer à son auteur la contestation soulevée, échoue
dans sa défense : il lui faut supporter seul la perte
qu'il subit si le vendeur prouve que, s'il eût connu les
poursuites intentées, il aurait évidemment établi son
bon droit ; s'il devient certain que l'acheteur a omis
certains moyens ou que le vendeur aurait pu révéler certains faits ignorés, certaines pièces secrètes qui lui auraient
valu gain de cause. Bien plus, le vendeur pourra démontrer que le premier juge s'est trompé, car il n'est point lié
par sa sentence : *Res judicata aliis non nocere potest*
(art. 1640, Code Nap.).

Nous avons dit que le garanti peut mettre son vendeur
en cause sur les premières poursuites, et valablement
l'assigner devant le tribunal où la demande originaire est
pendante. C'est là, en effet, le principe, et on ne saurait
repousser une action ainsi intentée par aucune fin de non
recevoir, tirée de l'incompétence *ratione personæ*. — Mais
quid de ces autres fins de non recevoir qui, elles, s'ap-
puient sur l'incompétence *ratione materiæ ?*

Si, par exemple, le garanti est commerçant, le garant qui n'a point fait acte de commerce sera-t-il néanmoins justiciable des tribunaux consulaires? Une jurisprudence constante a désormais résolu la question. Les tribunaux de commerce, tribunaux d'exception, ne peuvent connaître que des contestations qui leur sont directement soumises par la loi. L'art. 181, placé dans cette partie du Code qui traite de la procédure civile, ne peut s'appliquer à ces juridictions dont le législateur ne doit s'occuper que plus tard et après que bien des titres encore auront été élucidés. — Les mêmes motifs qui défendent de faire comparaître un non commerçant devant le tribunal de commerce, tribunal d'exception, défendent également de faire comparaître devant le tribunal civil celui auquel le législateur a donné des juges différents; dans l'un et dans l'autre cas, on est lié par l'application de ce précepte, sauvegarde des intérêts de tous, que nul ne peut être distrait de ses juges naturels (1).

Il est toutefois une hypothèse où l'on doit admettre qu'un non commerçant peut être traduit, à titre de garant, devant les juges consulaires; elle se présente lorsqu'il a cautionné l'obligation de garantie résultant d'une vente commerciale : il s'agit d'une vente de marchandises entre commerçants; et un tiers, non commerçant, est intervenu et s'est engagé personnellement à désintéresser l'acheteur au cas d'éviction. Ici la véritable difficulté est, non de rechercher s'il y a lieu de faire exception aux principes que nous avons posés, mais bien de décider si le fait de cautionner une dette commerciale constitue par lui seul un acte de commerce.

(1) C. de Nancy, 30 déc. 1841; Limoges, 21 juin 1845; C. de cassation de Belgique, 14 nov. 1844; D., 1842, 2-190 ; — 1846, 4-84 — 2-4.

La caution doit être justiciable de la même juridiction que celui qu'elle cautionne (1). — Le cautionnement est un contrat accessoire; il ne peut exister qu'autant que, devant lui, si je puis m'exprimer ainsi, se trouve un premier contrat auquel il vient donner une force nouvelle, il est vrai, mais qui, malgré cela, le soutient et lui prête vie. — Sans doute, la caution peut contracter un engagement moins rigoureux que celui dont est tenu le débiteur principal ; mais, de ce que l'art. 2013 lui concède expressément ce droit, n'en résulte-t-il pas *a contrario* que, si le contrat qu'elle a souscrit ne contient pas à cet égard de disposition formelle, il faut bien présumer qu'elle s'en est rapportée aux clauses du contrat principal passé entre le débiteur et son créancier?—Mais, dit-on, quoi! Le cautionnement est un contrat de bienfaisance, et vous voulez que la caution fasse un acte de commerce! Mais vous ne contestez pas que le non commerçant qui donne son aval sur une lettre de change fasse acte de commerce; cependant il est caution lui-même et pas autre chose. Qu'en conclure, si ce n'est que le législateur, résolvant lui-même dans l'art. 142 du Code de commerce la question qui nous occupe, y a consacré cette vérité que le cautionnement revêt le caractère de l'obligation principale? Mais encore, continuent nos adversaires, « avec un tel système, où irait-on? A déclarer » que le cautionnement d'une obligation naturelle, parti- » cipant de sa nature, serait comme elle incapable d'effets » civils! que l'on ne pourrait pas valablement garantir l'en- » gagement d'un mineur ou d'une femme mariée. Hérésie » que personne n'oserait soutenir (2) ! » — Pour répondre

---

(1) En ce sens : Carré, t. 2, p. 609 ; — Merlin, Rép., v° Caution, § 5.

(2) Dalloz, Rép., v° Acte de commerce, n° 41.

à ces quelques lignes, il suffit de faire remarquer que l'hérésie consiste, non pas à admettre les conséquences qu'elles exposent comme découlant inévitablement de notre système, mais à prétendre que de deux débiteurs engagés dans les mêmes liens, l'un peut se prévaloir d'une exception personnelle à l'autre.

IV. — L'appel en garantie immédiat, sur assignation donnée à l'acheteur, est soumis à des règles différentes, suivant le tribunal qui doit trancher la contestation. Sommes-nous devant des juges consulaires? c'est le magistrat qui arbitrera le délai nécessaire, à raison des distances, pour mettre le garant en cause. Le juge jouit à cet égard d'une liberté complète. Si le défendeur, à la première audience, s'est borné à contester les prétentions du demandeur sans demander de sursis, « il sera procédé sans délai au jugement de l'action principale; on statuera séparément sur l'action en garantie. »

Sommes-nous devant les tribunaux civils? le garant doit être mis en cause dans la huitaine du jour de la demande originaire, outre un jour par 3 myriamètres (art. 175, Code proc. civ.). D'après la loi récente des 3 mai, 3 juin 1862, portant modification des délais en matière civile et commerciale, à ces mots : « outre un jour par 3 myriamètres, » il faut substituer ceux-ci : « outre un jour par 5 myriamètres » (nouvel art. 1033). Le jour de la signification et celui de l'échéance ne sont point comptés dans ce délai général, fixé pour les ajournements, citations, sommations et autres actes faits à personne ou domicile. Ce délai sera augmenté d'un jour à raison de 5 myriamètres de distance. Les portions moindres de 4 myriamètres ne seront pas comptées; les fractions de 4 myriamètres et au-dessus augmenteront le délai. Si le dernier jour du délai est un jour férié, le délai sera prorogé au lendemain. »

L'observation des règles de l'art. 175 n'est pas prescrite à peine de nullité. Ce que l'on a voulu, c'est que la demande en garantie fût formée dans un délai assez bref pour ne pas entraver le jugement de la demande principale. « Pourvu qu'on n'apporte aucun retard à la décision de la cause qui est en état d'être jugée, chacun doit avoir le droit de poursuivre le garant quand il le veut. » Cette décision, admise aujourd'hui par tous (1), est du reste dictée par la force même des choses; le garanti, défendant seul à la demande, peut, après qu'un premier jugement a statué sur le mérite de la contestation, intenter un nouveau procès contre le garant : il ne serait donc ni juste ni logique de lui refuser la possibilité de mettre garant en cause plus de huit jours après l'exploit introductif d'instance, mais alors cependant que sa négligence ne cause aucun préjudice à la partie adverse.

Art. 176 : « Si le garant prétend avoir le droit d'en appeler un autre en sous-garantie, il sera tenu de le faire dans le même délai, à compter du jour de la demande en garantie formée contre lui, ce qui sera successivement observé à l'égard du sous-garant ultérieur. »

Il peut arriver que le défendeur à l'action principale soit assigné comme détenteur d'un bien qu'il vient de recueillir dans la succession d'un parent et que les trois mois et quarante jours pendant lesquels il a le loisir d'examiner le parti qu'il doit prendre ne soient point encore écoulés. Dans ce cas, si les art. 175 et 176 existaient seuls,

(1) Carré, sur Chauveau, n° 1764; Favart, t. 2, p. 464; — Cassat., 7 novembre 1849; D., 1849, 1-284; — Rouen, 14 avril 1853; D., 1853, 2-141.

sa position serait difficile; il lui faudrait choisir nécessairement entre ces deux alternatives, ou se résoudre à ne point user de son recours en garantie, ou appeler son garant; mais, par là, faire acte d'héritier et se porter héritier pur et simple. La loi venant à son secours, change en sa faveur le point de départ des huit jours de l'art. 175 et déclare qu'ils ne courront qu'à dater de l'expiration du délai pour délibérer. Le même privilége doit être, malgré l'hésitation de certains auteurs, en présence du silence du texte, étendu au garant vis-à-vis du sous-garant; il résulte en effet suffisamment du but que l'on s'est proposé en édictant l'article 177, que des considérations analogues obligeaient à l'admettre dans l'un et l'autre cas. Du reste, aucune autre dérogation n'est admise au principe de l'art. 175; l'art. 178 vient en effet reproduire presque textuellement cet art. 7 de l'ordonnance d'avril 1667, titre VIII : « Il n'y aura point d'autre délai d'amener garant en quelque matière que ce soit, sous prétexte de minorité, bien d'église, ou autre cause privilégiée, sauf, après le jugement de la demande principale, à poursuivre les garants. »

Mais le défendeur est tenu de comparaître devant les juges compétents à huit jours de l'ajournement qui lui a été notifié; son garant, qu'il n'a évidemment assigné qu'après avoir été inquiété lui-même, n'a pas encore constitué avoué, quelle doit donc être son attitude? Art. 179 : Il suffit, pour obtenir un renvoi et éviter que défaut soit prononcé contre lui, *faute de conclure* (1), d'affirmer avant

---

(1) L'article porte qu'il ne sera pris *aucun défaut* contre le demandeur originaire et il semble admettre que l'on peut requérir contre lui, défaut même faute de constitution d'avoué. C'est une erreur certaine, puisqu'il suppose que le défendeur a déclaré par acte *d'avoué à avoué* qu'il avait avisagé son garant.

le délai expiré par acte d'avoué à avoué qu'il a reporté son assignation à son garant; comme il n'est pas permis de tromper la justice et de retarder les plaidoiries par des allégations mensongères, s'il appert plus tard que la demande en garantie n'a point été formée, il pourra être condamné à des dommages et intérêts. Si le défendeur, au lieu d'invoquer un fait accompli, sollicitait un renvoi afin d'exercer son recours, les tribunaux auraient pleine liberté d'action. Si le demandeur soutenait qu'il n'y a pas lieu pour le défendeur à appeler garant, on devrait juger l'incident sommairement (art. 180, Code proc. civ.).

V. — La garantie dont je m'occupe est la garantie *formelle*; c'est celle qui se produit lorsque l'action du demandeur originaire est une action réelle ou hypothécaire; elle est bien différente de la garantie *simple*, qui est celle à laquelle donne lieu l'exercice d'une action personnelle. Ainsi on revendique contre moi la propriété d'un immeuble que j'ai acheté de Paul, ou bien on prétend y exercer un droit de servitude ou d'usufruit, je défends à une action réelle; Paul, mon vendeur, est mon garant formel. J'ai promis de payer à Primus la dette de Secundus : Primus m'appelle en justice; il a contre moi un droit de créance; Secundus, que j'ai cautionné, est mon garant simple. Dans la première hypothèse, il importe peu, on le conçoit aisément, au demandeur principal de suivre le débat contre le garant ou contre moi-même; qu'il triomphe contre l'un ou contre l'autre, le résultat sera le même, il obtiendra toujours, s'il démontre le bien fondé de ses prétentions, les droits qu'il réclame sur l'immeuble. Dans la deuxième espèce, il n'en est plus ainsi : si je me suis porté fort pour Secundus, je l'ai sans doute fait parce que Primus n'avait pas toute confiance en sa solvabilité ; Primus, qui a exigé mon cautionnement, a donc grand intérêt à me maintenir au procès, à agir directement et à obtenir condamnation contre moi, sauf à moi à répéter de Secundus ce que j'aurai compté en son acquit.

Ces deux situations différentes devaient être régies différemment. Art. 183 : « En garantie simple, le garant pourra seulement intervenir *sans* prendre le fait et cause du garanti. » En garantie formelle (art. 182), le garant qui ne s'en rapporte qu'à lui sur l'exposé des moyens de défense, peut toujours et quand même, malgré le demandeur originaire, malgré le garanti lui-même, se mettre au lieu et place du garanti, répondre aux prétentions adverses ; le garanti n'en reste pas moins au procès ; il peut encore prendre des conclusions, plaider, faire valoir tous moyens de fait et de droit ; on doit lui faire les notifications que les débats entraînent, mais il n'est plus partie principale ; en réalité, il supplée seulement, s'il y a lieu, à l'insuffisance de son garant. Aussi peut-il, si son garant est véritablement soucieux de ses intérêts, abandonner un rôle qui devient superflu.

Jusqu'à ce qu'un premier jugement soit intervenu, il peut demander d'être mis complétement hors de cause ; et le tribunal fera droit à sa demande, à moins que le demandeur originaire fasse une opposition fondée sur des motifs sérieux. Ainsi Primus se prétend propriétaire d'un immeuble que Secundus tient de Tertius. Secundus veut s'effacer complétement devant Tertius son garant, et celui-ci veut agir seul ; mais, tandis que Primus reconnaît que Tertius a toujours possédé de bonne foi l'immeuble qu'il revendique ; que, dès lors, il a fait les fruits siens, il soutient que Secundus, possesseur de mauvaise foi, lui doit compte des fruits et revenus. Dans ces circonstances, il a le droit d'exiger que Secundus reste au procès, car il est une demande de restitution qu'il ne peut diriger que contre lui ; sauf ce cas, le garanti peut toujours disparaître de l'instance, et il devra le faire d'autant plus facilement que, alors même qu'il est hors de cause, l'art. 182 lui accorde la faculté de rester aux débats pour la conservation de ses droits ; c'est-à-dire que même alors son avoué peut demeurer, restant dans une inaction complète, ne recevant plus aucune notification, partie morte enfin, mais prêt à revivre et à reprendre de nouveau part à la lutte, sans être obligé de recourir à une intervention. Les formalités de l'intervention sont simples, il est vrai ; une requête contenant les moyens et conclusions suffit (309), mais « elle ne peut retarder le jugement de la cause principale quand elle est en état », et cependant il faut le temps de la faire déclarer admissible. Le garanti resté au procès peut, lui, dès que cela lui semble utile, reparaître immédiatement dans la cause par une simple déclaration aux parties.

Si le garanti, quoique ayant un garant formel, reste partie à la contestation, les deux affaires, celle ayant cours entre le demandeur originaire et le garanti et celle entre le garanti et le garant, seront jointes ; mais si, tandis que la première est en état, la seconde exige une instruction prolongée ou emporte des longueurs, le demandeur qui désire une solution immédiate sera fondé à conclure à la disjonction, art. 184 : « Le demandeur originaire pourra faire juger les demandes séparément ». Pour que cette disjonction soit prononcée, il est de toute nécessité, malgré l'avis contraire de M. Chauveau, en désaccord sur ce point avec M. Carré, qu'il commente, de M. Favart, de Berryat-Saint-Prix, que des conclusions formelles soient prises en ce sens. Ceci semble résulter, avant tout „ des termes de notre article, qui accorde au demandeur primitif un droit qui lui appartient exclusivement ; mais résulte d'une façon incontestable de ce fait, que le tribunal qui statue sur une question qui ne lui est pas soumise statue *ultra petita*, à moins que l'ordre public même soit intéressé à sa décision. Or, ici, non seulement l'ordre public n'exige point cette disjonction que prévoit l'art. 184 ; mais il exigerait bien plutôt la continuation d'une jonction qui, simplifiant la procédure, évite des frais inutiles et frustratoires.

Si le garant formel a pris fait et cause pour le défendeur, art. 185 : « Les jugements rendus contre lui seront exécutoires contre le garanti », c'est qu'en effet, si c'est le garant qui en réalité succombe, puisqu'il a défendu seul aux prétentions soulevées, il ne peut restituer par exemple un immeuble que le garanti détient : le garanti seul peut exécuter la condamnation. Quant aux dépens, c'est évidemment le garant qui doit les supporter; toutefois (art. 185), « en cas d'insolvabilité, le garanti sera tenu des dépens, à moins qu'il n'ait été mis hors de cause; il le sera aussi des dommages et intérêts, si le tribunal juge qu'il y a lieu. »

Le garant formel qui, mis au lieu et place du défendeur, a directement combattu le demandeur, a incontestablement droit d'appeler du jugement qui le frappe; son appel profite au garanti. Mais il en est différemment s'il n'a point pris fait et cause : il peut sans doute interjeter appel contre le garanti; mais celui-ci seul pourra appeler contre le demandeur principal.

Le délai d'appel court contre le garant à dater seulement de la notification qui lui est faite du jugement de première instance. — Le demandeur principal, s'il perd son procès, appelle contre le garant qui s'est mis au lieu et place du garanti ; si le garanti est resté au procès , c'est contre lui que l'appel sera dirigé , car il a évidemment conservé sa position de premier défendeur (1) :—Mais le procès se plaide contre le garanti , derrière lequel le garant agit séparément : est-il obligé d'appeler tout à la fois contre le garant et le garanti? le peut-il au moins? La Cour de Rennes, le 30 janvier 1844, a décidé qu'il lui était loisible de le faire « pour la conservation de tous ses droits. » — Bien plus , un arrêt de la Cour de Lyon , du 14 décembre 1817, a jugé que l'on ne devait pas admettre un appel contre le garanti seul. — Nous n'hésitons pas à rejeter cette jurisprudence , et à penser que le demandeur principal reste complétement étranger aux débats soulevés entre le garanti et le garant. Ainsi, le garant avisagé en appel peut , avec toutes les chances de succès, prendre des conclusions tendant à ce qu'il plaise à la Cour : attendu que le demandeur originaire n'a contre lui aucun principe d'action, qu'il est dès lors sans qualité pour agir, le déclarer non recevable dans son appel. — Le demandeur originaire, encore une fois, ne connaît que le garanti , sauf à celui-ci, s'il est prudent, à dénoncer à son garant tous les actes de procédure , et à le rendre partie à toute l'instance.

Disons, en terminant, que le garant qui acquiesce à un jugement qui, en le condamnant, lui accorde recours en garantie, est réputé n'avoir donné cet acquiescement que sous condition et dans l'expectative de cette garantie. — Il faut, en effet, pour qu'on puisse opposer à une partie son acquiescement, que sa volonté sur ce point soit claire et explicite; or, des conditions à ce consentement peuvent résulter de sa situation particulière ; et si un doute s'élève

(1) Cassation , 15 mars 1842.

sur l'étendue qu'elle a voulu donner à sa déclaration, le juge doit admettre l'interprétation la moins onéreuse pour elle.

CHAPITRE III.

De l'Exception de Garantie.

I. — *Quelles sont les personnes auxquelles on peut opposer l'exception de garantie?*

Est-elle opposable notamment aux héritiers du vendeur, — aux légataires universels ou à titre universel, — aux donataires universels ou à titre universel, — au mineur qui, devenu héritier de son tuteur, revendique ses biens vendus par celui-ci, sans l'observation des formalités légales, — à l'appelé qui, héritier du substitué, demande la nullité de la vente faite par le substitué des biens grevés de substitution, — à la caution qui prétend faire annuler la vente de sa propre chose aliénée par le vendeur dont elle a garanti l'obligation, — à la femme commune revendiquant son immeuble propre que son mari a vendu sans son consentement, — à la femme revendiquant l'immeuble dotal qu'elle a aliéné en dehors des cas prévus par les art. 1557 et 1558, Code Nap., avec promesse formelle de garantie?

II. *L'exception de garantie est indivisible.*

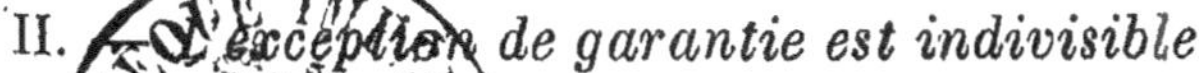

7

I. — « *Cui damus actiones*, dit la loi 156, § 1, *de regulis juris*, *et exceptiones competere multo magis quis dixerit* (1). » — « *Quem de evictione tenet actio, eumdem agentem repellit exceptio* (2). — Ces mêmes principes du droit romain sont passés sans altération aucune dans notre droit français. Nous aussi, nous pouvons, nous devons dire : A celui à qui elle accorde l'action, la loi donne aussi l'exception de garantie. Qui doit garantie ne peut évincer. — Ainsi, Primus vend à Secundus un immeuble, un meuble dont il n'est point propriétaire ; quelque temps après, il l'achète, ou bien il hérite de celui auquel appartenait l'objet vendu ; il ne peut, soutenant qu'il a vendu sans droit, exercer aujourd'hui une revendication contre son acheteur, ou il sera repoussé par cette exception dont nous devons maintenant nous occuper.

L'exception de garantie peut être invoquée non seulement contre le vendeur lui-même, mais contre ses héritiers.

a. — *Contre les héritiers du vendeur.* — Jouissant de tous ses droits, mais aussi tenus de toutes ses dettes, de toutes ses obligations, ils ne sauraient triompher dans une instance où lui-même ne pourrait réussir ; et peu importe qu'ils agissent comme héritiers du *de cujus* ou à tout autre titre ; qu'ils se fondent, pour intenter leur action, sur un droit qu'ils tiennent de leur auteur ou sur un droit personnel. — Cette question s'est encore présentée devant la Cour de cassation le 30 janvier 1855. — Un jugement, rendu par le tribunal civil d'Espalion le 11 décembre 1828, avait condamné la dame veuve Clauzel à payer aux époux

(1) Dig., liv. 40, tit. 17.

(2) Loi 11, Code, de Evictionibus.

Bernard Vernhes le montant d'une donation faite en 1824 à la dame Vernhes, sa fille, et elle avait acquiescé à ce jugement. — Après sa mort, en 1843, son autre fille, la dame Rodelle, qui, de son côté, avait reçu de sa mère, en octobre 1828, le quart de ses biens par donation contractuelle et par préciput, voyant son préciput absorbé en grande partie par la donation de 1824, à laquelle sa sœur déclarait se tenir, poursuivit l'annulation de cette donation comme faite par contrat de mariage, hors la présence de l'époux donataire, et forma à cet effet tierce opposition au jugement de 1828. — Déboutée de sa demande par le tribunal de Rhodez le 29 décembre 1852, par la Cour de Montpellier le 2 décembre 1853, elle a formé contre cet arrêt un pourvoi rejeté par la chambre des requêtes : « Attendu qu'en droit nul ne peut attaquer un acte dans une qualité lorsque, dans une autre qualité, qui lui appartient, il est tenu de garantir l'exécution de cet acte; que, dans l'espèce, la dame Rodelle, héritière pure et simple de sa mère, étant, en cette qualité, soumise à l'obligation judiciaire imposée à cette dernière et tenue d'exécuter cette obligation, ne pouvait pas dès lors attaquer le jugement dans une autre qualité, ce jugement étant complétatif de ladite obligation (1). »

(1) **D.**, 1855, 1-118. — Si on n'avait pas admis la fin de non recevoir, qui lui était opposée, et qu'on l'eût autorisée à plaider au fond, la dame Rodelle ne pouvait, suivant nous, manquer d'obtenir gain de cause. — En effet, s'il était possible que le conjoint, absent au moment où une donation lui est faite dans son contrat de mariage, fût présent à la passation du contrat lui-même, l'art. 1087, aux termes duquel les donations faites par contrat de mariage ne peuvent être attaquées ni déclarées nulles sous prétexte de défaut d'acceptation, assurerait la validité de cette donation à laquelle le donataire n'a point été partie. — Mais, il est évident que le conjoint, absent au moment de la donation, est absent au moment où le contrat

Toutefois, si les successibles, au lieu d'accepter purement et simplement la succession à laquelle ils sont appelés, n'acceptent que sous bénéfice d'inventaire, d'autres principes doivent prévaloir. Le bénéfice d'inventaire, en effet, empêche la confusion du patrimoine du défunt avec le patrimoine personnel de l'héritier, et de là cette première conséquence : que le bénéficiaire n'est tenu des dettes et charges de la succession que sur les biens mêmes de la succession et, dès lors, jusqu'à concurrence seulement de la valeur de ces biens : « *Quatenus pro his tantum rebus convenientur, quas in hœreditate defuncti invenerunt; ipsorum autem bona a creditoribus non inquietentur.*» L'héritier bénéficiaire, qui, par exemple, est propriétaire d'un fonds de terre, aliéné par le *de cujus*, peut

est passé; or, une jurisprudence constante décide avec raison que « le pacte destiné à régir l'association conjugale doit, sous peine de nullité, émaner du libre consentement des futurs époux; qu'ils ne peuvent être suppléés par leurs père et mère; que la nullité résulte, soit des principes généraux du droit, qui n'admettent point de convention sans consentement, soit de la disposition spéciale de l'art. 1395 du Code Napoléon, qui ne permet aucun changement aux conventions matrimoniales sans la présence ou consentement simultané de toutes les personnes qui ont été parties dans le contrat de mariage, soit enfin du principe formulé en l'art. 1398 qui, en déclarant le mineur lui-même habile à consentir toutes les conventions dont le contrat est susceptible, sous la seule condition d'être assisté des personnes dont le consentement est nécessaire pour la validité du mariage, implique la nécessité de sa présence ou de son consentement. » C^{ion}, 29 mai 1854. — 9 janvier 1855, D., 1854, 1-208 — 1855, 1-28. — Grenoble, 7 juin 1851. — Nîmes, 6 août 1851. — Toulouse, 20 juillet 1852. — Pau, 1er mars 1852, D., 1853, 2-122, 123, 124, 125. — Le contrat de mariage étant nul, la donation qui y est insérée ne peut plus être considérée comme faite en faveur du mariage, puisque l'acte qui la contient a perdu son caractère de convention matrimoniale; par suite, l'art. 1087 cesse d'être applicable, et le droit commun qui exige l'acceptation de la donation par le donataire reprend tout son empire.

le répéter sans être repoussé par l'exception de garantie.
— Il ne représente point le *de cujus*; lui opposer cette
exception, ce serait lui faire supporter les faits et gestes
du défunt sur sa fortune particulière; la seule chose que
puisse faire le défendeur, dans cette hypothèse, c'est,
s'il succombe, d'attaquer à son tour le demandeur en tant
qu'héritier, responsable dans certaines limites au moins :
intra vires successionis.

*b. — L'exception de garantie peut-elle être opposée
aux légataires universels ou à titre universel?* — Les
légataires universels ou à titre universel sont tenus des
dettes et charges de la succession, personnellement pour
leur part et hypothécairement pour le tout (1002, 1012,
Code Nap.).

Peuvent-ils se soustraire à l'obligation de garantie en
abandonnant les biens légués? Cette question revient à
se demander si les légataires sont tenus de supporter la
part des dettes qui leur incombe, même *ultra vires successionis?* — La plupart des jurisconsultes affirment que
les légataires universels ou à titre universel sont tenus *in
infinitum*, et leur opinion a été reproduite par un arrêt
longuement motivé de la Cour de cassation qui, rapporté
par M. Dalloz, année 1851, première partie, page 282,
porte la date du 13 août 1851. — Les arguments invoqués
en faveur de ce système sont sérieux : les art. 1009 et 1012,
qui règlent la contribution des légataires aux dettes, sont
rédigés exactement dans les mêmes termes que l'art. 873,
qui règle le droit de poursuite contre les héritiers; — les
légataires sont tenus *personnellement;* c'est-à-dire qu'ils
ne peuvent échapper à l'obligation personnelle, jusqu'à ce
qu'ils l'aient acquittée; — d'ailleurs, s'ils craignent d'être
frustrés, n'ont-ils pas tout près d'eux le bénéfice d'inven-

taire, derrière lequel ils peuvent toujours se retrancher ; s'ils n'ont pas rempli les formalités auxquelles il est soumis, ils ont accepté toutes les charges de la succession.

Ces arguments n'ont pu nous convaincre, et nous demeurons persuadé que les légataires ne sont tenus que jusqu'à concurrence de leur émolument et, partant, peuvent se libérer de leur obligation en abandonnant les biens à raison desquels elle a pris naissance.

Tout d'abord, que se passait-il dans l'ancien droit ? Les pays de droit écrit, suivant les principes du droit romain, admettaient que l'on pouvait instituer un héritier représentant, continuateur de la personne ; dans les pays de coutumes, il était de principe que Dieu seul fait les héritiers, on ne pouvait créer que des légataires. Les héritiers appelés à recueillir les biens de leurs auteurs par la voie du sang étaient tenus de toutes les dettes ; il n'en était pas de même des légataires : « A l'égard des dona- » taires et légataires universels, dit Pothier, dans son Traité » des successions, chap. V, art. 3, § 1er, toutes ces per- » sonnes ne sont tenues des dettes que jusqu'à concur- » rence des biens auxquels elles succèdent et peuvent, en » les abandonnant, se décharger des dettes. La raison est » que toutes ces personnes ne succèdent point à la personne » du défunt, mais seulement à ses biens ; elles ne sont » tenues des dettes que parce qu'elles sont une charge des » biens ; ils n'en sont point débiteurs personnels ; or, c'est » un principe que lorsqu'on n'est tenu de quelques dettes » qu'à raison d'une chose qu'on possède, on peut s'en dé- » charger en abandonnant la chose. »

Si le *de cujus*, au lieu de se servir de ces mots : j'institue Primus mon légataire universel ou à titre universel, l'avait institué héritier, certaines coutumes déclaraient complète-

ment nulle une telle disposition; d'autres, moins rigou-
reuses, admettaient qu'elle valait comme legs universel.

De nos jours, l'art. 1002 de notre Code porte : « Les
dispositions testamentaires sont ou universelles, ou à titre
universel, ou à titre particulier. Chacune de ces dispositions, soit qu'elle ait été faite sous la dénomination d'institution d'héritiers, soit qu'elle ait été faite sous la dénomination de legs, produira son effet, suivant les règles
établies ci-après pour les légataires universels, à titre
universel, à titre particulier. » Qu'a donc fait dans cet
article le législateur, s'il n'a implicitement déclaré que cette
institution d'héritier que repoussait l'ancien droit doit être
également repoussée dans notre droit actuel, où néanmoins
elle produira les mêmes effets que les legs. N'est-ce pas
dire que, adoptant les règles édictées par ces coutumes
favorables à l'exécution de la volonté du défunt, il veut
que celui à qui il a destiné ses biens les reçoive toujours,
mais toujours à titre de légataire? Dire enfin qu'il n'y aura
désormais que des légataires; accepter cette dénomination
si généralement répandue, n'est-ce pas rejeter encore une
fois cette institution d'héritiers du droit romain et des pays
de droit écrit? Et dès lors que ce grand principe était
formulé, qu'était-il besoin, à chaque article, de rappeler
entre l'héritier légitime et le légataire une distinction qui
ressortait du cœur même de la matière.

Quant au bénéfice d'inventaire, ce n'est point aux légataires universels ou à titre universel, mais bien aux héritiers légitimes qu'il peut être d'un utile secours. — Il en
est traité sous cette rubrique « de l'acceptation et de la
répudiation des successions, » alors que les rédacteurs du
Code, ayant examiné les divers partis que peut prendre un
héritier et la situation qui lui est faite suivant qu'il accepte

ou qu'il renonce, ont pensé à reproduire ce bénéfice qui, après avoir été introduit dans le droit romain par Adrien d'abord, dans un cas spécial, puis par Gordien et par Justinien, se glissa dans notre ancien droit français. A cetté époque, ils ne pouvaient penser à ces autres héritiers, suivant le sens si large du mot, qui puisent leurs droits dans les actes de dernière volonté.

Puis, que l'on examine tous les textes du Code, ét on demeurera bientôt convaincu que, partout où il est nécessaire d'avoir recours à une déclaration au greffe, les articles qui visent ces hypothèses en font expressément mention. (Voir les art. 793, 1483.)

Du silence de nos textes, 1009, 1012, que conclure, si ce n'est que cette formalité exceptionnelle est ici superflue; que, de plein droit, les légataires ne sont tenus des dettes que *intra vires emolumenti*; que, dès lors, ils peuvent se libérer des charges qui leur incombent en abandonnant les biens légués (1)?

Une autre question se présente immédiatement après celle que nous venons d'examiner : Les légataires sont-ils

---

(1) En ce sens, Marcadé, sur l'article 1002. — *Contra* : Toullier, t. 4, n° 515. — Troplong, n° 1836.— Vazeille, sur l'article 793, n° 6. — Favard, v° Testament, sect. 2, n° 9. — Dalloz, v° Dispositions entre-vifs et testamentaires, n° 3680 et suiv. — Parmi les auteurs qui soutiennent que le légataire est tenu des dettes *in infinitum*, un grand nombre a distingué entre le légataire à titre universel et le légataire universel qui se trouve en présence d'héritiers réservataires, d'une part; le légataire universel saisi, d'autre part. C'est là une distinction que l'on ne saurait justifier. Le léga_ taire non saisi de par la loi est saisi du jour où il a obtenu la délivrance. Que la saisine se manifeste un peu plus tôt ou un peu plus tard, qu'elle vienne de la loi ou qu'elle soit consentie, à la suite de la mise en possession, par l'héritier légitime ou par la justice, elle produit les mêmes effets. La règle doit donc être uniforme pour tous les légataires soumis à une part quelconque des dettes successorales.

tenus de la part des dettes que nous connaissons maintenant, même sur leurs biens personnels ? Un exemple fera
comprendre l'espèce vis-à-vis de laquelle nous entendons
nous placer : Primus vend à Secundus un immeuble appartenant à Tertius ; puis il meurt après avoir institué
Tertius son légataire universel. Tertius revendique contre
Secundus son immeuble vendu *a non domino*. Doit-il
triompher dans sa revendication, sauf à être plus tard condamné à une certaine somme de dommages et intérêts
vis-à-vis de Secundus, en qualité de légataire universel de
Primus ? Sera-t-il, au contraire, repoussé et obligé, puisqu'il le peut en livrant une partie de son propre patrimoine, d'assurer à Primus le bénéfice de l'acquisition
qu'il a précédemment faite ?

Tertius devra évidemment succomber dans sa demande.

Restreindre à une quote-part proportionnelle et limitée
des dettes l'obligation des légataires, ce n'est point pour
cela les affranchir de toutes poursuites sur leurs biens
propres. Le véritable sens du mot *personnellement* des
art. 1009 et 1012, que les partisans de la responsabilité
extrême des légataires cherchent à détourner pour se créer
un argument, indique précisément la volonté du législateur
sur ce point. Le légataire est tenu personnellement ; c'est-
à-dire qu'appelé en justice, sous le coup d'une saisie, il ne
pourra prétendre qu'on doit discuter les biens héréditaires
avant d'exercer sur lui aucun recours ; c'est-à-dire que,
tant qu'il demeure légataire en conservant les biens légués, il est tenu, comme le débiteur primitif lui-même,
sur la totalité de ses biens.

c. — *Quid du donataire universel ou à titre universel ?* — Le donataire universel ou à titre universel est
soumis à l'obligation de garantie qui incombait au dona-

teur, mais avec faculté de s'y soustraire en abandonnant les biens donnés ; dès lors, l'exception de garantie lui est opposable, tant qu'il prétend tirer profit de la donation à lui faite.

Que doit-on entendre par donataire universel ou à titre universel? Une vive polémique s'est engagée sur ce point entre les auteurs. Si tous reconnaissent que l'on doit considérer comme tel le donataire gratifié de la totalité ou d'une quote-part des biens présents et à venir du donateur, la divergence d'opinions éclate lorsqu'il s'agit du donataire de biens présents seulement. Tandis que MM. Toullier, Troplong, Duvergier, affirment que cette donation ne peut constituer qu'une donation à titre particulier (1), Duranton, Vazeille, Marcadé, Dalloz, soutiennent que les donataires de tout ou partie des biens présents sont des donataires universels ou à titre universel, tenus de tout ou partie des dettes du donateur, au moment de la donation (2). Cette deuxième opinion était enseignée par Pothier, *Traité de la Vente*, section III, art. 1er, § 2 : « A l'égard des donataires universels de biens présents, » ils sont tenus des dettes que le donateur devait lors de » la donation, par la raison que ces dettes sont une charge » des biens et que *bona non intelliguntur, nisi deducto* » *œre alieno ;* ils peuvent néanmoins s'en décharger en » abandonnant ce qui a été donné. S'ils sont donataires de » la totalité des biens, ils sont tenus de la totalité des

---

(1) Toullier, t. 5, n° 816 et suivants. — Troplong, n° 448 et suiv. — Duvergier, t. 1, n° 349.

(2) Duranton, t. 8, n° 472.— Vazeille, sur l'art. 945, n° 1.— Marcadé, sur l'art. 1626, VII. — Grenier, t. 1, n° 86. — Merlin, v° Tiers détenteur, VIII. — Dalloz, v° Dispositions entre-vifs et testamentaires, n° 1717 et suiv.

» dettes; s'ils sont donataires d'une partie aliquote, ils
» sont tenus des dettes pour la même portion dont ils
» sont donataires. »

Outre l'immense autorité de l'éminent jurisconsulte, ce système semble avoir encore pour lui les paroles de M. Jaubert, dans son rapport au Tribunat, sur le projet de loi relatif aux donations entre-vifs et aux testaments, à la séance du 9 floréal an XI : « Ici se présente naturelle-
» ment la matière des dettes et charges qui peuvent grever
» les donations. Le projet, conforme en ce point à l'or-
» donnance de 1731, se borne à déclarer que, dans aucun
» cas, le donataire ne peut, à peine de nullité de la dona-
» tion, être obligé d'acquitter d'autres dettes ou charges
» que celles qui existaient à l'époque de la donation, à
» moins que l'acte de donation ou un état annexé ne spé-
» cifie les autres dettes ou charges qui pourraient ne
» prendre naissance qu'après la donation. Le laconisme
» du projet sur la partie des dettes et charges avait d'abord
» inspiré quelques alarmes. Après l'examen le plus réfléchi,
» votre section de législation a pensé qu'une explication
» plus étendue serait superflue. — Les donations com-
» prennent ou la totalité des biens, ou une quote-part des
» biens, ou une espèce de biens, ou enfin une chose par-
» ticulière. Donation de tous ses biens.... Il n'y a de biens
» que ce qui reste, déduction faite des dettes; conséquem-
» ment, le donataire de tous biens est tenu de droit, et
» sans qu'il besoin de l'exprimer, de toutes les dettes et
» charges qui existent à l'époque de la donation. — Do-
» nation d'une quote de biens.... Le donataire doit sup-
» porter les dettes et charges en proportion de son émo-
» lument. »

Après de longues hésitations, l'examen des principes

généraux de notre droit, rapproché des arguments invoqués par les jurisconsultes, nous a fait partager le premier avis. Le Code Napoléon, quelles qu'aient été d'ailleurs les paroles prononcées par le tribun Jaubert, est resté complétement muet sur la question qui nous occupe. Pour étendre aux donataires de biens présents les dispositions de nos articles 1009 et 1012, il faudrait pouvoir démontrer qu'entre eux et les légataires il existe une analogie telle que de cette analogie même ressort que ce qui a été décidé pour les uns a dû évidemment être décidé pour les autres. Cette analogie, je la cherche sans pouvoir la trouver. En premier lieu, on ne peut pas dire que les donataires, même de tous les biens présents du donateur, acquièrent l'universalité de son patrimoine. « Je dis donc,
» pour éviter tout embarras, en m'attachant à la raison
» qui doit être le principe de toutes choses, que les do-
» nations entre-vifs ne sont pas sujettes à contribuer aux
» dettes et qu'il n'y a que celles qui dégénèrent en dona-
» tions à cause de mort et testamentaires qui y doivent
» participer; la raison en est que la donation pure entre-
» vifs ne peut comprendre que les biens présents et non
» ceux à venir; il est impossible qu'il se rencontre un titre
» universel dans cette espèce de donation, l'universalité
» comprenant l'avenir aussi bien que le présent et tout ce
» qui peut appartenir en tout temps à une personne. N'y
» ayant que le titre universel qui, dans notre usage même,
» et dans les principes que nous venons d'établir, puisse
» obliger aux dettes, un semblable donataire ne peut être
» tenu. » (1). Ce n'est là, selon M. Marcadé, qu'une subtilité sophistique; c'est, selon nous, une vérité reconnue

____

(1) Ricard, des Donations, 3ᵉ partie, chap. XI, n° 1522.

et sanctionnée par le dernier arrêt sur la matière, de la Cour de Paris, du 16 juillet 1852 (1).

D'ailleurs, est-ce que la position des donataires et des légataires est la même à un autre point de vue encore? Lorsque l'on contracte une obligation personnelle, c'est la personne même qui est tout d'abord engagée; ses biens, si je puis dire, ne le sont que subsidiairement, les biens sont en quelque sorte garants de l'obligation de la personne (2092). Lorsqu'un *de cujus* vient à mourir, laissant par exemple un légataire à titre universel et un héritier, les créanciers peuvent, il est vrai, fractionner leur action entre le successeur à la personne et le successeur aux biens, ou le premier poursuivi a recours contre le second, mais pourquoi? Parce que l'héritier continuateur de la personne du défunt est en droit de dire au légataire : moi, héritier, je suis tenu *in infinitum* des dettes de mon auteur, j'y suis *personnellement* et avant tout obligé; mais j'ai nécessairement un recours sur ces biens de sa succession qui l'eussent aidé lui-même à accomplir ses obligations s'il eût vécu. Vivant, il prélevait les sommes dont il avait besoin sur ses meubles, ses immeubles, biens de toute sorte. Mort, je ne suis autre que lui-même; lui c'est moi; mon droit de prélèvement a la même étendue que le sien; je dois donc l'exercer aussi sur la part du patrimoine qui est en votre possession. Ainsi que je le disais tout-à-l'heure, c'est la personne même du débiteur qui est tenue des dettes qu'il a contractées, les biens ne le sont qu'en seconde ligne. Tant que le donateur est là, plein de vie, prêt à répondre aux poursuites dirigées contre lui, l'action née au profit des créanciers en même temps que leurs créances demeure

(1) Dalloz, année 1854, 2-305.

identiquement la même; ils ne peuvent agir que contre lui seul. Sans doute il a droit, s'il le veut, à prélèvement contre les donataires mêmes ; c'est l'application de la maxime *« bona non ducuntur nisi deducto œre alieno; »* mais aussi il peut y renoncer en délivrant notamment les biens compris dans la donation sans réserve et sans retenue ; et, alors, les donataires seront à l'abri de toute inquiétude. « Le débiteur reste pour répondre à l'action » personnelle que les créanciers ont contre lui. Ainsi nulle » nécessité de transférer cette action d'une personne à une » autre, comme dans le cas de mort du débiteur ; quel » serait d'ailleurs le principe de cette action? Elle ne peut » naître que de la loi ou de la convention; ni l'une ni » l'autre ne donnent aux créanciers une action personnelle » contre le donataire de leur débiteur ; voudrait-on la faire » naître de l'équité? Il peut arriver, sans doute, qu'une » donation soit faite en fraude des créanciers; mais, alors, » la loi leur donne le droit d'attaquer les actes qui sont faits » en fraude de leurs droits (1167) (1). » — « Cette trans- » mission personnelle dont il s'agit ne peut se faire que » par la mort de celui qui est le premier obligé, l'action » personnelle étant attachée à sa chair et à ses os (2). »

Je conclus donc que les donataires de biens présents sont de simples donataires particuliers, quelle que soit l'étendue de la donation, et, par suite, ne peuvent jamais être repoussés par l'exception de garantie.

d. — Le mineur dont les biens ont été vendus sans accomplissement des formalités voulues, et qui, après être devenu héritier de son tuteur, intente une action en nul-

<hr>

(1) Toullier, loc. cit.

(2) Ricard , loc. cit.

lité de la vente, doit-il réussir dans ses prétentions, ou ne doit-il pas plutôt échouer devant l'exception de garantie? L'acheteur, dit-on (1), doit s'imputer à tort de n'avoir point veillé à ce que toutes les formalités nécessaires à la validité de la vente soient remplies; il est donc juste qu'il supporte les suites de sa négligence, et il ne saurait demander garantie ni au tuteur qui a vendu, ni au mineur qui ne peut être tenu plus rigoureusement que le tuteur lui-même.

Je crois plutôt avec M. Marcadé, sur l'art. 1629, VII, que l'acheteur inquiété est fondé à arguer contre ce mineur de l'exception de garantie. Le seul fait d'une faute commune ne peut libérer le vendeur. C'est à lui surtout, prenant l'engagement formel de livrer à l'acquéreur la possession paisible de l'immeuble objet du contrat, qu'il appartient de veiller à ce que celui-ci reçoive ce qu'il a promis. L'acheteur ne peut être puni pour avoir eu confiance trop grande en un vendeur peu soucieux de ses devoirs, et c'est là en définitive son seul crime (2). Il en serait de même, selon nous, et par les mêmes motifs, dans l'hypothèse inverse, c'est-à-dire dans le cas où ce serait le tuteur qui, après avoir vendu en sa qualité, mais sans les formalités légales, le bien de son pupille, deviendrait l'héritier de ce dernier.

e. — L'appelé héritier du substitué ne peut non plus demander la nullité de la vente faite par celui-ci des biens grevés de substitution « *nec fideicommissarius fideicom-* » *missariæ rei per fiduciarium devenditæ vindicandi po-*

____

(1) Troplong, n° 446. — Duvergier, t. 1, n° 351. — Dalloz, Vente, n° 949.

(2) En ce sens : Cassation, 14 janvier 1840 (Dev., 1840, 1-569). — Cassation, 16 juin 1846 (D., 1846, 1-565).

» *testatem habet* » (1). Il faut considérer comme abrogée une disposition contraire contenue dans l'ordonnance de 1737.

f. — La caution ne peut revendiquer son immeuble vendu par un tiers, si elle est intervenue, en cette qualité, au contrat de vente qui l'a dépouillée ; elle serait repoussée par l'exception de garantie, sans qu'il lui fût même permis de recourir au bénéfice de discussion. — Elle s'est, en effet, portée fort pour le vendeur, a consolidé sa promesse, et, tenue comme lui-même, s'il lui était possible de triompher dans l'instance, elle tomberait immédiatement sous le coup de l'action en garantie que pourrait exercer contre elle l'acquéreur évincé ; d'un autre côté, c'est elle seule qui peut, en cessant les poursuites, accorder à l'acheteur le bénéfice qu'il réclame.

La loi 11, au Code, *de Evictionibus*, avait consacré ce principe dans les termes les plus formels : *Qui venditioni* » *adeo consensum dedit ut se etiam pro evictione obli-* » *gaverit exceptione doli mali repellitur.* » Au contraire, la loi 34 semblait libérer de toute obligation de garantie l'héritier de la caution : *Hæredem fidejussoris rerum, pro* » *quibus defunctus apud emptorem intercesserat pro* » *venditore, factum ejus, cui successit, ex sua persona* » *dominium vindicare non impedit : scilicet evic-* » *tionis causa durante actione.* »

M. Duranton, sans même chercher à concilier ces deux décisions contraires, admet celle de la loi 34 et en fait application à notre droit français ; toute conciliation entre elles fût-elle impossible, cette application ne saurait prévaloir, car elle est, en tous points, incompatible avec les

(1) Voët, de *rei vindicatione*, n° 16.

principes consacrés par notre législation civile; l'héritier ne peut être déchargé d'une dette qui grève la succession de son auteur. Du reste, suivant Cujas sur la loi 12, au Code *de Evictionibus*, et Pothier (n° 178), « il faut supposer, » dans l'espèce de cette loi (loi 31), que l'acheteur qui » pourrait opposer cette exception, dans le fait, ne l'a pas » opposée et s'est laissé condamner à délaisser l'héritage. » La question de la loi est de savoir si l'acheteur a, dans » ce cas, l'action *de Evictione* contre cet héritier. La » raison de douter est qu'il n'y a pas lieu à cette action, » lorsque l'acheteur a pu éviter l'action, comme il le pou- » vait dans ce cas, en opposant l'exception de garantie; » mais la loi décide que cet héritier, étant celui qui l'a » évincé, n'est pas recevable à opposer à cet acheteur, » qu'il aurait pu éviter l'action, et, qu'en conséquence, » cet acheteur doit avoir contre lui l'action *de Evictione;* » c'est le sens de ces derniers termes de la loi : *evictionis* » *causa durante actione.* »

g. — Un mari vend, sans le consentement de sa femme, un immeuble propre de celle-ci; la communauté vient à se dissoudre, peut-elle faire annuler cette vente? — Pas de difficulté, si la femme renonce à la communauté; elle le pourra sans aucun doute, car, étrangère désormais à tous les actes qui liaient son mari envers les tiers, elle a le libre exercice de ses droits.

Mais si elle accepte la communauté en même temps qu'elle acquiert la moitié de l'émolument actif, cet émolument ne lui est dévolu que grevé d'une part proportionnelle des dettes; *quid* dans cette hypothèse?

Quatre opinions ont été successivement émises.

Suivant la première, adoptée notamment par Toullier, t. 12, n° 226, et par M. Troplong, *Vente*, t. 1, n° 463, la femme ne peut réclamer que la moitié indivise de son bien; quant à l'autre moitié, obligée en vertu de son acceptation, elle est repoussée par l'exception de garantie.

Une seconde opinion permet à la femme de revendiquer la propriété de son immeuble, à la charge de rembourser à l'acheteur évincé la moitié du prix, sans dommages et intérêts.

Suivant M. Delvincourt, on doit adopter le second système, si le mari a été de mauvaise foi; car, stellionataire, il a commis un délit qui ne peut obliger la femme commune; a-t-il, au contraire, été de bonne foi, la femme sera tenue pour moitié des dommages et intérêts nés de la vente qu'il a consentie.

Enfin, un dernier système pense que la femme peut faire déclarer nulle, pour le tout, cette vente à laquelle elle n'a pas été partie, sous l'obligation, toutefois, de restituer à l'acquéreur la moitié du prix d'acquisition et de lui payer en outre la moitié des dommages et intérêts qui lui sont alloués.

Il nous semble bien plutôt que l'action en revendication de la femme doit être repoussée pour le tout. L'exception de garantie, nous le verrons bientôt, est indivisible comme l'action même : d'où cette conséquence forcée, que dès lors qu'elle est opposable à la femme tenue dans une certaine limite des biens de la communauté, elle paralyse tous ses moyens d'action.

h. — Peut-on repousser par l'exception de garantie l'action d'une femme qui revendique, après la dissolution de son mariage, l'immeuble dotal qu'elle a aliéné en dehors des cas spéciaux prévus par les art. 1557 et 1558 du Code Napoléon, avec promesse formelle de garantie?—Non, incontestablement. Quelles qu'aient été les clauses du contrat, il lui est toujours permis d'invoquer les dispositions favorables de l'art. 1560.

Mais l'acheteur qu'elle évince peut-il, arguant d'une stipulation expresse de garantie, exercer un recours sur ses paraphernaux? Deux arrêts de la Cour de cassation, l'un du 4 juin 1851, rejetant le pourvoi formé contre un arrêt longuement motivé de la Cour d'Aix, l'autre du 20 juin 1853, ont admis l'affirmative. La femme, disent-ils, maîtresse absolue de ses droits quant à ses biens paraphernaux, peut les vendre, les donner, les aliéner d'une manière quelconque, avec l'autorisation de son mari : elle peut donc les affecter par une convention expresse à la garantie de la vente de son fonds dotal, comme elle pourrait les affecter à la vente du bien d'autrui (1).

Je ne puis adopter un semblable système. La Cour suprême a contrevenu, suivant moi, aux dispositions les plus précises tout à la fois de l'art. 1554 et de l'art. 1560. — L'art. 1554 édicte le grand principe que « les immeubles » constitués en dot ne peuvent être aliénés ni hypothéqués » pendant le mariage. » A la règle on ne peut déroger, à moins d'un texte précis qui autorise cette dérogation. Ainsi, la femme pourra aliéner l'immeuble dotal s'il a été déclaré aliénable dans le contrat de mariage, ou dans l'une des hypothèses énumérées dans l'art. 1558. Mais en dehors de ces cas, toute aliénation est impossible; et il lui est interdit de faire indirectement ce qu'elle ne pourrait faire directement. — Passe-t-elle outre à la prohibition légale? la loi, qui veut la protéger malgré elle-même contre son propre entraînement et sa propre faiblesse, l'autorise (art. 1560) à demander, après la dissolution du

(1) D., 1851, 1-193—1855, 1-265.

mariage ou la séparation de biens, la nullité du contrat qu'elle a consenti.

Sans doute, des termes mêmes de cet art. 1560 il résulte que le contrat n'est pas nul de plein droit, qu'il n'est entaché que d'une nullité relative. J'en tirerai bien, avec l'arrêt de la Cour d'Aix précité, cette conséquence que cette aliénation peut être garantie, mais par un tiers, par le mari lui-même ; et sur ce point je suis d'accord avec la jurisprudence. — Mais comment peut-on en conclure que la femme peut, elle, garantir une vente qu'elle a faite sans droit ? Relativement aux biens dotaux, la femme est en quelque sorte dans la position d'un mineur. Osera-t-on soutenir que la garantie que donnerait un mineur en semblable circonstance serait valable ? Mais, dit-on, la comparaison n'est pas fondée : l'incapacité du mineur est absolue en ce qui concerne les aliénations ; celle de la femme est restreinte à une seule espèce de biens , et la garantie qu'elle accorde n'est point un obstacle à l'exercice de son action révocatoire.

Quoi donc ? Est-ce que la femme, cette garantie donnée, conserve sa liberté d'action ? Si elle veut recouvrer son immeuble dotal, il lui faudra en restituer le prix à l'acquéreur, payer des dommages et intérêts considérables peut-être ; et vous dites qu'en présence de cette alternative, qui lui laissera le choix entre renoncer au bénéfice de l'art. 1560 ou se soumettre à l'art. 1630 du Code Napoléon, la femme n'hésitera pas à prendre le second parti ? La femme, propriétaire des biens dotaux et propriétaire des biens paraphernaux, n'est en définitive qu'une seule personne. La loi a voulu la soustraire à l'influence de son mari : son but est manqué s'il suffit de deux mots, ajoutés à un contrat de vente, pour qu'il produise des effets que la loi a voulu prohiber, et qu'elle lui refuse en l'absence de ces deux mots.

Le droit romain avait décidé la question dans le sens que nous indiquons : *Novelle* 64 , § 4 : « *Mulier sit omnino indemnis... Obligationem quantum ad mulierem neque dictam, neque scriptam esse volumus....* » — Nos législateurs, s'ils avaient prévu spécialement notre hypothèse, se seraient-ils montrés moins logiques que l'empereur Justinien (1)?

II. — Il nous faut maintenant examiner cette fameuse controverse des auteurs anciens et modernes. L'exception de garantie est-elle indivisible? — Les plus grands noms peuvent être invoqués dans l'un et l'autre système. Dumoulin, Pothier, Lebrun, et de nos jours, M. Troplong, tiennent pour la divisibilité (2). — Autrefois, Duperrier, Alciat, Socin, et aujourd'hui, Duvergier, Aubry et Rau sur Zachariæ, Marcadé, Dalloz, se rangent dans le camp adverse.

Je l'avoue, je ne puis m'expliquer que tant d'éminents jurisconsultes, qui, sans hésitation, ont proclamé l'indivisibilité de l'action, ne craignent pas d'affirmer que, entre elle et cette exception, qui n'en est, en quelque sorte, que la suite, et qui devrait y être rattachée par les liens les plus intimes, existe la plus grande des différences. — La clarté de leur texte ne laisse cependant aucun doute sur leur pensée.

(1) En ce sens : Marcadé, sur l'art. 1560-IV. — Troplong, sur l'art. 1560, n° 3544. — Rouen, 5 décembre 1840 ; Limoges, 4 février 1844 ; Agen, 17 juillet 1848. — D., 1845, 2-148, 150 — 1849, 2-6.

(2) C'est en ce sens que se prononçait d'Argentré, sur la coutume de Bretagne, art. 419, Glossa 3, in fine : *Sic tamen ne filius hæres et vindicans ab ampliore partis vindicatione repelli possit quam pro qua hæres est quod textus expressit d. l. cum a matre et l. si uxor.... nam in cætero extraneus est.....* »

Ouvrez Dumoulin, *Dividui et individui*, pars II, *n*ᵒˢ 104 *et* 105, et vous y verrez : « *Ut ergo pro qua parte* » *est hœres repellitur, ita pro qua parte extraneus est* » *admittitur, nec hoc aspectu tenetur, emptorem de-* » *fendere et cum una pars sit ab altera prorsus sepa-* » *rata, ex separatis non infertur.* »

Et Lebrun, *Traité des successions*, liv. IV, chap. 2, sect. II, nᵒ 28 : « On peut dire, et c'est l'opinion la plus » véritable, que l'héritier qui revendique son héritage qui » a été aliéné par le défunt ne souffre obstacle dans sa » revendication que pour telle part et portion qu'il est » héritier; car il est juste que le seul titre d'héritier pro- » duisant la garantie qui sert de défense à l'acheteur, il » ne la produise qu'en proportion de ce que le demandeur » en désistement est tenu des obligations et des faits du » défunt. Or, il est certain que chaque héritier n'est tenu » que pour telle part et portion qu'il est héritier.... En » effet, si le défunt n'avait pas délivré cet héritage à l'a- » cheteur, en ce cas l'héritier en serait quitte en lui » cédant sa part, d'où il suit qu'après la tradition il ne doit » la garantie du même acquéreur que pour sa part et por- » tion; par conséquent, que, quand il fait lui-même l'évic- » tion, l'héritage lui appartenant de son chef, sa qualité » d'héritier ne lui fait obstacle que pour sa part afférente. »

Enfin, Pothier, reproduisant le même système, de dire, nᵒ 173 : « L'héritier du vendeur qui ne l'est que par partie » n'est exclu que pour la part dont il est héritier des » actions qu'il a de son chef pour faire déclarer à l'ache- » teur la chose vendue. La raison est que l'obligation du » vendeur, *prœstandi emptori rem habere licere*, étant, » lorsque la chose vendue est divisible, une obligation » divisible, chaque héritier du vendeur n'étant, par con-

» séquent, débiteur de la chose vendue que pour sa part,
» remplit entièrement ses obligations en laissant à l'ache-
» teur cette chose pour la part pour laquelle il est héritier
» et en ne donnant la revendication que pour le surplus.
» — Si le vendeur est mort avant d'avoir fait à l'acheteur
» la tradition de la chose vendue, l'acheteur ne pourrait la
» demander à chacun des héritiers que pour la part pour
» laquelle il est héritier; le vendeur, en remplissant ses
» obligations par la tradition qu'il a faite, n'a pas dû rendre
» la condition de ses héritiers pire qu'elle aurait été s'il ne
» l'eût aucunement exécutée. Quant à l'objection tirée de
» l'obligation de défendre, qui est indivisible, la réponse
» est que cette obligation de défendre, comme il a été
» remarqué en son lieu, n'est pas une obligation précise
» et absolue, mais une obligation dont chaque héritier du
» vendeur, quoiqu'il en soit tenu pour le total à cause de
» l'indivisibilité de la défense, peut néanmoins se dé-
» charger en satisfaisant autant qu'il est en lui, pour la
» part dont il est héritier, à l'obligation principale, *præs-*
» *tandi emptori rem habere licere.* C'est sur ce principe
» que l'héritier en partie, assigné en garantie par l'ache-
» teur pour se défendre contre la demande d'un tiers,
» peut se décharger de l'obligation de le défendre, en
» offrant pour sa part les dommages et intérêts résultant
» de l'inexécution de l'obligation, *præstandi emptori rem*
» *habere licere.* Par la même raison, lorsque l'héritier du
» vendeur qui ne l'est que pour partie, et qui est de son
» chef propriétaire de la chose vendue, a satisfait pleine-
» ment, pour la part pour laquelle il est héritier, à son
» obligation *præstandi rem habere licere,* en lui laissant
» la chose pour la part dont il lui en est débiteur, c'est-à-
» dire pour laquelle il est héritier du vendeur, il est dès

» lors déchargé de son obligation de le défendre contre la
» demande en revendication qu'il forme de son chef pour
» le surplus. »

. Il semble qu'il suffise, pour répondre à ces savantes
argumentations, de rappeler encore une fois quelle est la
nature de la garantie due à l'acheteur, quel est l'objet de
cette garantie. Son objet, c'est la possession paisible,
complète, sans partage, de la chose vendue. Sans doute,
on peut livrer divisément une chose divisible, mais pourquoi? Parce que chaque héritier, accomplissant sur ce
point son obligation pour sa portion héréditaire, accomplit
pour sa part l'engagement même pris par son auteur, et
que la réunion des efforts de chacun amène forcément
au résultat attendu. Le vendeur qui n'a pas encore fait la
tradition doit cette tradition même, et peu importe à
l'acquéreur qu'elle lui soit faite par un seul ou par plusieurs, pourvu qu'il reçoive ce qu'on lui a promis. —
Mais la tradition une fois faite, l'obligation du vendeur
est en quelque sorte novée. Il est tenu, non plus de livrer
un bien qui est livré, mais de maintenir ce bien dans le
patrimoine de l'acheteur tel qu'il a figuré au contrat,
c'est-à-dire dans sa totalité. — Il meurt : ses héritiers
sont soumis aux mêmes charges que lui; comme lui, force
leur est, et c'est là le point essentiel de la discussion,
d'assurer à l'acheteur la possession paisible du bien vendu,
l'exécution pleine et entière du traité.

C'est une erreur de prétendre que chaque héritier peut
se décharger de cette obligation en offrant sa part du
prix et des dommages et intérêts; car c'est là lui permettre de changer à sa guise son obligation principale en
une autre obligation qui ne peut et ne doit prendre naissance qu'autant qu'il est impossible de remplir la première.

Prenez-y garde, nous ne sommes pas ici en présence d'une de ces obligations alternatives qui donnent le choix au débiteur entre deux prestations diverses, ou d'une obligation facultative qui, obligeant directement le vendeur à garantie, comprendrait *in facultate solutionis* la possibilité pour lui de s'affranchir de ce qu'il doit en payant telle ou telle somme d'argent. Dans la vente, la volonté des contractants, leur intention est bien nette et bien précise; ce que veut l'acheteur, c'est la chose qu'il achète, et il tient le vendeur pour obligé envers lui purement et simplement; des dommages et intérêts, il n'en veut réclamer que si son vendeur est dans l'impuissance de tenir ce qu'il a promis. Or, dans l'espèce, cette obligation pure et simple, qui de la personne de celui-ci a passé à la personne de ses héritiers, est facile à remplir il suffit que le revendiquant cesse complétement ses poursuites. Mais, d'un autre côté, elle ne peut être remplie pour partie, l'acheteur obtient ou n'obtient pas le bénéfice sur lequel il comptait; lui laisser seulement le tiers, la moitié de ce qu'il a acquis, c'est contrevenir pour le tout à l'obligation du vendeur, telle qu'elle a été consentie, telle qu'elle résulte du contrat de vente et de l'intention commune des contractants; car, dans leur pensée, comme aussi, suivant nous, dans sa nature, cette obligation est une et ne peut se fractionner.

Nous ne sommes plus en droit romain, où on ne pouvait obtenir autre satisfaction à toute obligation de faire qu'une satisfaction pécuniaire; si l'art. 1143 autorise le juge à ordonner que ce qui a été fait contrairement à l'engagement intervenu soit détruit; s'il est permis d'obtenir directement tout ce qu'il est possible d'obtenir sans exercer de violences sur la personne, comment le juge ne devrait-il pas déclarer non recevable la demande qui vient violer le contrat passé entre parties. Dumoulin, Pothier, Troplong, qui combattent cette vérité, la reconnaissent eux-mêmes lorsqu'ils disent que l'acheteur peut se refuser à garder une partie de la chose; « car, n'ayant pas acheté la chose » pour en avoir seulement une partie, il ne peut être obligé » à la retenir seulement pour partie. » — Si ce qui a fait l'objet du contrat est indivisible, en ce sens au moins que sa prestation partielle ne procure pas à l'acheteur l'avantage sur lequel il a compté, et cela résulte de ces quelques mots mêmes que je viens de reproduire, il ne peut être question de division entre les héritiers du vendeur, puisqu'il n'y a à se partager entre eux que ce qui, par sa nature, souffre le partage.

Et quelle contradiction chez Pothier! — Lorsqu'il tire ici son principal argument de ce fait que chaque héritier aurait pu faire tradition proportionnellement à sa part héréditaire, il affirme au numéro 105 que : « Quoique l'action » en délivrance d'un objet divisible soit indivisible et ne » passe contre chacun des héritiers que pour sa part, néan- » moins l'action de garantie est indivisible et a lieu pour sa » totalité contre chacun des héritiers. » — Comment concilier ces deux solutions différentes dans deux espèces véritablement identiques, pour l'examen desquelles l'éminent jurisconsulte croit indispensable de recourir au même rapprochement; puis, si l'on admet la divisibilité de l'exception de garantie, qu'arrive-t-il? — Que l'acheteur auquel on a assuré la propriété de la métairie de la Ville-Marie, par exemple, va se trouver en indivision avec le revendiquant, contraint à un partage, à une licitation peut-être, et privé, non pas seulement d'une part aliquote, mais de la métairie tout entière.

La jurisprudence a adopté l'opinion que nous avons essayé de soutenir; en ce sens ont été rendus des arrêts de la Cour de cassation des 5 janvier 1815, 11 août 1830, 14 janvier 1844. La Cour de cassation de Belgique a aussi récemment sanctionné notre système dans un arrêt qui, à la date du 5 juin 1856, porte : « Attendu qu'aux termes
» des art. 1603 et 1625, Code Napoléon, l'une des obli-
» gations principales du vendeur est de garantir à l'ache-
» teur la possession paisible de la chose vendue ; — At-
» tendu que cette garantie consiste à défendre l'acheteur
» contre le trouble qu'éprouve sa jouissance et à prendre
» son fait et cause ; qu'elle est donc une obligation de
» faire ; que, de plus, *puisqu'elle doit sauvegarder la*
» *chose vendue en son intégrité, et que le fait de la dé-*
» *fense ne peut se fractionner dans l'exécution, elle*
» *constitue naturellement une obligation indivisible ;*
» qu'ainsi, suivant l'art. 1223, Code Nap., les héritiers du
» vendeur en sont tenus chacun pour le total ; — *qu'à la*
» *vérité*, lorsque la garantie vient à échouer contre une
» réclamation juste, *l'obligation non exécutée se résout*
» *en dommages et intérêts*, d'après le principe général
» consacré par l'art. 1142, Code Nap., et se divise en cet
» état entre les héritiers du vendeur, en proportion de leur
» part héréditaire ; *mais que cette résolution, mesure*
» *secondaire, destinée seulement à suppléer à l'impuis-*
» *sance de la garantie, obligation principale*, n'est pas
» applicable au cas où la réclamation émane du vendeur
» ou de ses héritiers, parce que, dans ce cas, la garantie
» se réduisant à ne pas faire, l'obligation peut et dès lors
» doit s'exécuter directement, selon l'art. 1143 du même
» Code ; — *Attendu que les héritiers du vendeur étant*
» *tenus de faire cesser le trouble chacun pour le total,*

» *l'exercice des droits qu'ils pourraient avoir à la chose*
» *vendue de leur chef indépendamment du titre d'hé-*
» *ritier, est empêché en totalité et sans restriction à*
» *leur part héréditaire* par l'exception qui dérive de l'o-
» bligation, suivant la maxime : *Quem de evictione tenet*
» *actio, eumdem agentem repellit exceptio;* que si un
» héritier pour partie porte ainsi à lui seul tout le poids
» d'une dette de succession, il a son recours en indemnité
» contre ses cohéritiers ; — Attendu qu'il résulte des con-
» sidérations qui précèdent qu'en accueillant l'exception
» de garantie proposée par les défendeurs à l'action hypo-
» thécaire intentée contre eux par les demandeurs pour
» déclarer ceux-ci non recevables en totalité, quoiqu'ils
» ne soient héritiers que pour partie, l'arrêt dénoncé, loin
» de contrevenir aux dispositions indiquées à l'appui du
» pourvoi, a fait une juste application des principes de la
» matière, — Rejette (1). »

CHAPITRE IV.

De l'étendue de la Garantie.

I. — *Eviction totale : Le vendeur doit à l'acheteur*
évincé : 1° la restitution du prix : 2° la valeur des
fruits que l'acheteur est obligé de rendre au pro-

(1) Affaire Anthelet c. Mortehan (D., 1856, 2-200). — L'arrêt déféré à la
censure de la Cour suprême était un arrêt de la Cour de Liége du 29 novembre 1851.

*priétaire; 3° les frais et les loyaux coûts du contrat;
4° des dommages et intérêts.*

II. — *Eviction partielle. Option accordée à l'acheteur;
s'il ne fait pas résoudre la vente, il a droit à la valeur de la partie enlevée au jour de l'éviction.*

I. — *Eviction totale.* — En droit romain, l'indemnité accordée à l'acheteur évincé pour le tout variait suivant qu'il avait recours à l'action *ex stipulatu* ou à l'action *ex empto.* Par l'action *ex stipulatu*, il obtenait le double du prix de vente; par l'action *ex empto*, le *quanti interest*; on se plaçait pour l'arbitrer au moment même de l'éviction, calculant le dommage souffert, sans s'occuper d'ailleurs, soit du prix de la chose, soit de sa valeur lors du contrat.

Le principe était nettement posé (1); et cependant Dumoulin enseignait que, pour fixer la somme due à l'acheteur agissant *ex empto*, la première base à consulter était le prix de vente, le bénéfice auquel il avait droit se composant toujours de deux chefs distincts : le prix, et, à côté du prix, ce que nous appelons, nous, les dommages et intérêts, le *quod interest*, sans qu'il fût jamais possible de lui compter une somme inférieure au prix lui-même : « *Dicendum pro brevi et plana conciliatione, quod actio ex empto dé evictione, præter prævium et præambulum caput ad defendendum, quod spectat ad tractatum dividui et individui, habet duo capita quæ spectant ad hunc tractatum. Unum perpetuum, scilicet ad pretium, non autem ad rem, ut dixi supra, nu. 66. Secundum casuale, scilicet in id quod interest præter pretium.*

(1) Loi 47, D., de Evict.

*Quantum autem ad primum caput, quo actio ex empto
competit ad pretium, vel pro rata pretii, semper quoties
pro parte committitur, sit relatio ad bonitatem quæ
erat tempore contractus tantum, et secundum eam
metitur, juxta l. 1, et l. bonitatis de evictionibus, quæ
non solum habent locum in stipulatione duplæ, sed
etiam pariter in actione empto, prout, ut pote bonæ
fidei, et uberior, non solum committi potest pro parte
in omnibus casibus in quibus stipulatio duplæ pro parte
committi potest, sed etiam ubi stipulatio duplæ ob stric-
tam sui naturam non potest committi pro parte, ut in
l. si dictum, § in stipulatione, de evict. tamen committi potest actio ex empto. Quantum autem ad secundum caput, scilicet ad interesse, recipit augmentum
et diminutionem modo plus, quandoque minus, quandoque nihil præter pretium interest. Et de hoc secundo
capite intelliguntur reliqua jura, quæ videbantur con-
traria dict. l. prima et leg. bonitatis, ut in fin. num.
præced. Et hæc consideratio nondum a quodam tacta,
non solum ad multorum jurium verum et sincerum intellectum necessaria est, sed etiam in quotidiano usu
praxique ad recte judicandum et consulendum.*

*Quoties enim jura dicunt agi evictionis nomine, si
aliud non exprimatur, nec ex materia subjecta colli-
gatur, non intelligitur de stipulatione duplæ, sed de
actione ex empto quæ est naturalis et perpetua actio
evictionis : stipulatio vero accidentalis et casualis est.
Et rursus quando exprimitur, vel tacite (ut in dubio)
intelligitur agi ex empto, nisi aliud addatur, vel sup-
pleatur in facto, non sequitur agi nisi ad pretium, vel
pro rata pretii, ut probat lex quod si nulla, in fine,
cum lege sequenti de hæreditate vel actione vend : quia*

interesse non venit nisi intersit, et adhuc nisi probetur quod a facto et probationibus pendet : et adhuc etiamsi constet interesse, quandoque non agitur nisi ad pretium, ut quando pactum est de evictione non agi l. emptorem, § fin. de actione empt. His ergo casibus, cum ad pretium tantum, vel pro rata pretii parte evicta agitur, non inspicitur secutum augmentum vel decrementum, sed status qui erat tempore contractus, et adpretiatio tunc facta, juxta l. 1 et l. bonitatis, de evict. Et hoc etiam ipsa naturalis justitia, sensusque communis dictant. Si enim fundum a te emi mille, deinde cum negligentia mea vel casu dimidio deterior factus in totum evictus est, nec apparet de alio extrinseco interesse, cur actio ex empto evictionis nomine limitabitur ad dimidium pretii, videlicet ad quingenta et omnes gloss. et doctores hucusque male sentiunt? Cur tu, cum non esses dominus, nilque juris haberes, lucraberis dimidiam partem pecuniæ meæ cum jactura mea prætextu deteriorationis etiam casualis? Cur qui non dominus et alium decepit, versabitur in lucro, deceptus vero in damno? Cur non potius tanquam tota re evicta, totum pretium repetam sine alio interesse, quia pluris non interest? Ut nos ex vero sensu legum et viva æquitate sentimus et evincimus. Pariter, si rem venditam non tradis, quanquam si pluris valeat, vel pluris intersit quam empta sit, ad id agere, l. quod si nulla, cum l. seq. de hæred. vel act. vend. l. 1, de act. empt. Tamen si minus valeat, nec præterea non intersit, sive tempore contractus minoris valeat, sive postea casu etiam; sive tua culpa minoris esse cœperit, non ad id coarctor, si totum pretium prorogavero, sed totum simplum ad minus repetam, nec tu qui non imples, cum

*jactura mea locupletari debes. Et sic non obstat D. l.
quod si nulla, in princ. ubi si hœreditas vendita ad
venditorem non spectat, debet œstimari, ut sic ad œsti-
mationem agatur, quia hoc ibi dicitur ad finem augendi
actionem, ut sive pretium nondum sit solutum, exigatur
quod supervalet pretio, sive pretium solutum sit, exigatur major œstimatio, non autem ad finem restrin-
gendœ actionis, si forte ea hœreditas minoris œstimetur
quam empta sit, sed hunc totum solutum pretium ad
minus repetet : imo etiamsi quid prœterea juste intersit,
nec superfluum pretii cedet lucro non implentis quasi
vere implevisset. Ex his habes obiter novum et verum
intellectum plurium jurium, et hac brevi facilique in-
terpretatione defungi licet a multis sophisticis et anxiis
intricationibus* (1). »*

Cette doctrine, en même temps qu'elle était erronée,
était illogique. Dès lors qu'en droit romain la vente de la
chose d'autrui était valable, le paiement du prix avait été
valablement fait ; par suite, au moment de l'éviction, on
ne pouvait intenter contre le vendeur une véritable *con-
dictio indebiti* et l'obliger ainsi à restituer une somme
qui lui était acquise, et qui avait entre ses mains une
cause licite. Il était seulement juste d'admettre l'acquéreur
à réclamer l'équivalent de la perte que lui faisait subir l'é-
viction.

Pothier, bien qu'adoptant, quant à la vente de la chose
d'autrui, le système romain (2), a reproduit la théorie de
Dumoulin : « Le vendeur qui n'a pas défendu l'acheteur,
» ou qui a succombé dans la défense qu'il avait entreprise

(1) De eo quod interest, nᵒˢ 68 et 69.

(2) Traité de la vente, nᵒ 7 ; Traité des obligations, nᵒ 133 et suiv.

» de la cause de l'acheteur, doit être condamné, envers
» l'acheteur qui a souffert éviction de la chose qui lui a été
» vendue : 1° à la restitution du prix qu'il a reçu; 2° à ac-
» quitter l'acheteur des condamnations intervenues envers
» le demandeur originaire, pour la restitution des fruits ou
» pour les dégradations faites à l'héritage; 3° à acquitter
» l'acheteur des dépens; 4° à payer à l'acheteur les dom-
» mages et intérêts résultant de l'éviction, lorsqu'il en a
» souffert au-delà du prix qui doit lui être restitué (1). »

C'est dans Pothier que les rédacteurs du Code ont copié l'art. 1630. Art. 1630 : « Lorsque la garantie a été promise
» ou qu'il n'a été rien stipulé à ce sujet, si l'acquéreur est
» évincé, il a droit de demander contre le vendeur : 1° la
» restitution du prix; 2° celle des fruits, lorsqu'il est obligé
» de les rendre au propriétaire qui l'évince; 3° les frais faits
» sur la demande en garantie par l'acheteur et ceux faits par
» le demandeur originaire; 4° enfin, les dommages et in-
» térêts ainsi que les frais et loyaux coûts du contrat. »

La doctrine de Dumoulin et de Pothier a donc passé tout entière dans le Code Napoléon; mais, cette fois, l'art. 1599 ayant déclaré nulle la vente de la chose d'autrui, elle se trouve en corrélation parfaite avec les principes fondamentaux en matière de vente.

En effet, si le vendeur doit : *à la restitution du prix,* cette restitution ne prend point sa source, à proprement parler, dans l'obligation de garantie, mais bien plutôt dans cette pensée que le contrat de vente n'ayant pas transféré à l'acheteur la propriété de l'objet vendu, le prix a été payé sans cause. Cela est si vrai que si, dans le contrat de vente, on a inséré une clause déchargeant le

______

(1) Traité de la vente, § V, n° 118 et suiv.

vendeur de toute garantie, cette clause a bien pour effet de le soustraire au paiement des dommages et intérêts, mais ne saurait l'autoriser à retenir le prix, à moins que « l'acquéreur n'ait connu, lors de la vente, le danger de l'éviction, ou qu'il n'ait acheté à ses risques et périls » (1629). — C'est ce qui explique les dispositions de l'art. 1631, qui porte : « Lorsqu'à l'époque de l'éviction, » la chose vendue se trouve diminuée de valeur ou considé- » rablement détériorée, soit par la négligence de l'acheteur, » soit par des événements de force majeure, le vendeur » n'est pas moins tenu de restituer la totalité du prix. » — Si, en effet, le vendeur devait tenir compte à l'acheteur seulement du dommage qu'il souffre, il serait quitte envers lui, en lui soldant une somme représentative de la valeur de la chose vendue au moment de l'éviction, laissant à sa charge les détériorations résultant ou de son incurie, ou de l'effet du temps et des années, ou de la diminution de valeur survenue, par exemple, dans le prix des terres.

Le prix est intégralement dû à l'acheteur, alors même qu'un événement quelconque a enlevé à l'acquéreur avant l'éviction la propriété d'une partie du fonds acquis. Il en était ainsi en droit romain quand on pouvait agir par l'action *ex stipulatu* (Loi 64, *de Evictionibus*).

Parfaitement d'accord sur la solution à donner à la question, les jurisconsultes diffèrent quant aux raisons qu'on doit invoquer pour la soutenir. M. Troplong prétend baser son argumentation sur le texte même de la loi. — L'art. 1631 vise expressément, dit-il, la détérioration due, soit à la négligence de l'acheteur, soit à des accidents de force majeure; et, parmi ces accidents, se place en première ligne la privation pour l'acheteur d'une part plus ou moins grande de l'immeuble. — Juste pour l'espèce qu'il prévoit, puisqu'il suppose, avec Papinien, que c'est un fleuve qui a enlevé deux cents arpents d'une prairie vendue, l'argument de texte invoqué par l'éminent magistrat ne pourrait s'étendre, entre autres, au cas où un propriétaire voisin, armé du juste titre et de la bonne foi, aurait prescrit une parcelle de l'immeuble en litige par une possession décennale. — Aussi aimons-nous mieux, avec M. Marcadé, sur les art. 1630 et suivants, céder à cette raison qui, s'appuyant avant tout sur l'intention du législateur et sur l'esprit général de notre loi, a l'immense avantage de s'appliquer à toutes les hypothèses qui se présentent dans la pratique : si l'acheteur, privé avant l'éviction de deux cents arpents de terre, peut réclamer néanmoins le prix même qu'a reçu son vendeur, c'est que le vendeur qui conserverait une partie de ce prix, quelque minime qu'elle fût, s'enrichirait à ses dépens; il n'y a aucun droit, puisqu'il n'a rempli aucun de ses engagements; le prix, encore une fois, a été payé sans cause.

Malgré sa simplicité extrême, cette première obligation qui incombe au vendeur peut encore donner lieu à certaines difficultés dans l'exécution. — Ainsi, la Cour d'Aix, le 9 juillet 1849, et, sur pourvoi formé contre cet arrêt, la Cour de cassation, le 4 juin 1851, ont statué sur une espèce qui ne laissait pas que d'être délicate. Souvent il arrive qu'un vendeur, cherchant à s'assurer par la vente de ses propriétés plutôt une augmentation dans ses revenus que des capitaux immédiatement disponibles, stipule que, au lieu d'un prix fixe et déterminé, l'acheteur lui paiera annuellement les arrérages d'une rente viagère constituée à son profit par le contrat de vente. Alors, en général, le contrat fixe en même temps le capital nécessaire pour servir régulièrement cette rente et jusqu'à concurrence duquel le vendeur peut prendre inscription. Si, après trois ou quatre années, l'acheteur est évincé, il pourra certes répéter le prix de la vente; mais, ici, que devra-t-on considérer comme prix? Est-ce seulement les sommes déjà payées à titre d'arrérages? Est-ce, au contraire, le capital constitutif de la rente? Par acte du 15 juin 1833, les époux Théas avaient vendu à un sieur Bernard un immeuble, et il était dit dans le contrat: « La présente vente est faite moyennant la somme de » 40,000 fr., qui est laissée à fonds perdus entre les mains » de l'acquéreur, à la charge par lui de servir au vendeur » une pension annuelle et viagère de 3,000 fr. par an, qui » sera payable par trimestre et d'avance à partir du 1ᵉʳ juillet » prochain, et qui durera pendant toute la vie des époux » Théas; et, à la mort de celui d'entre eux qui décédera » le premier, ladite pension viagère demeurera réduite à » 2,200. » L'immeuble vendu fut bientôt revendiqué par un tiers, et, sur la demande en garantie formulée par le sieur Bernard : « Considérant, dit la Cour d'Aix, qu'aux » termes de l'article 1630 du Code Napoléon, l'acquéreur » évincé a droit à la restitution du prix ; — que, dans l'es- » pèce, il résulte du contrat de vente du 16 juin 1836, que » le prix du domaine du Bas-Thorene a été fixé à 40,000 fr.; » — que si, dans le même acte et par une autre stipulation, » les 40,000 fr. ont été donnés à l'acquéreur en rente viagère » moyennant une redevance de 3,000 fr. par an, cette partie » du contrat est tout-à-fait en dehors du procès actuel ; — » que c'est donc 40,000 fr. qui doivent être restitués comme » prix principal, etc.... » — C'était là singulièrement inter- préter la loi; — ordonner la *restitution* du prix, c'est incontestablement ordonner le remboursement de ce qui a été compté, car, qui dit restitution suppose un versement préalable, et la loi a eu soin de distinguer entre le prix que doit rendre le vendeur et les dommages et intérêts auxquels il peut être condamné. — Aussi, la Cour de cassation a-t-elle fait bonne justice en déclarant que l'arrêt attaqué avait expressément violé l'art. 1630. Il semble, en présence de cette discussion, que toutes difficultés soient désormais tranchées sur ce point, et on peut formuler cette règle générale que le prix que doit restituer le vendeur est le prix *qu'il a reçu.*

L'acquéreur qui doit, après l'éviction, demeurer indemne, ne doit pas du moins en tirer profit; de là, article 1632 : « Si l'acquéreur a tiré profit des dégradations par » lui faites, le vendeur a droit de retenir sur le prix une » somme égale à ce profit. » Par la même raison, si déjà le vendeur a remboursé quelques sommes à l'acheteur, elles entreront en compte. Ainsi, une contestation s'est élevée relativement à une servitude de passage; il a été reconnu qu'elle n'existait point au profit du fonds auquel le vendeur l'avait attribuée, et celui-ci a dès lors, ainsi que nous le verrons, été condamné à restituer une portion du prix; l'acheteur déduira dans sa demande l'importance de ce qu'il a touché de ce chef.

Si la chose vendue est composée non d'un objet unique, mais de prestations successives, d'une série de jouissances, comme un usufruit, une rente viagère, les auteurs sont d'accord pour décider que l'acheteur évincé devra retrancher du prix total une somme représentative de la valeur de la possession qui lui a été accordée, en prenant pour base le prix déterminé d'un commun accord dans l'acte de vente et la durée probable du droit. Cette décision se fonde non sur la loi, qui, au contraire, la repousse de toute sa vigueur, car après deux ans, trois ans, quatre ans, l'usufruit ou la rente cédée reste le même usufruit, la même rente, conserve la même nature et la même dénomination, mais sur l'équité qui ne veut pas que cette obligation qui se fractionne, qui s'accomplit jour par jour, heure par heure, ait été gratuitement remplie pour le temps écoulé.

Mais, cette équité qu'on invoque, sera-t-elle ainsi toujours scrupuleusement suivie?

N'arrive-t-il pas à chaque instant, par exemple, qu'un père achète les droits à un bail afin d'établir bientôt son fils dans la ferme à laquelle ce bail se rapporte? Son but, en traitant avec le vendeur, a été d'obtenir non cette jouissance immédiate qui ne lui cause qu'embarras et soins, mais cette jouissance à venir qu'il tient à obtenir, même au prix d'un sacrifice. — Si donc on veut, et je crois que c'est à bon droit, invoquer l'équité, loi juste, mais dont les règles et les principes varient autant que les espèces que l'on veut y soumettre, il faut alors laisser aux magistrats un pouvoir discrétionnaire; leur dire : Vous examinerez et vous jugerez. Est-ce un spéculateur? est-ce seulement un propriétaire qui, dans l'opération qu'il a faite, n'a vu qu'un placement de fonds, qu'un avantage ou un plaisir égal aujourd'hui et demain, aujourd'hui et dans dix ans? vous l'obligerez à laisser certaine rétribution à son vendeur. L'étendue des bénéfices qu'il pouvait raisonnablement espérer, vous la chercherez d'après la durée probable de la vie; les tarifs des compagnies d'assurances sur la vie vous serviront par exemple de guide. Est-ce, au contraire, cet honnête cultivateur dont je parlais tout-à-l'heure, pour lequel le présent n'est rien, l'avenir tout? Suivre cette même règle serait l'induire évidemment en perte; vous rechercherez ce qu'il a reçu en réalité, et c'est sur cela que vous arbitrerez s'il doit abandonner quelque chose à son vendeur sur le prix qu'il a payé et ce qu'il doit abandonner.

Si l'objet de la vente est un cheval, un âne, un animal enfin dont la vie est limitée comme la nôtre, quelle solution donner? L'acheteur qui use de ses services pendant deux ou trois ans pourra-t-il exiger la totalité du prix qu'il a compté au moment de l'achat? Ici divergence entre les jurisconsultes : pour M. Troplong, un animal est un tout indivisible; on l'achète pour en avoir la propriété d'une manière absolue, comme un fonds de terre. Pour lui donc, l'art. 1630 est applicable à la lettre. Cela est parfaitement juste en droit; mais M. Troplong, qui fait si bon marché de ce raisonnement lorsqu'il examine notre précédente hypothèse, qui n'enseigne pas que l'acquéreur d'un usufruit, d'une rente viagère, a voulu acquérir lui aussi un droit unique et indivisible, ne se met-il pas, à un alinéa à peine de distance, en contradiction manifeste avec lui-même? Je préfère adopter l'opinion de Pothier et de Dumoulin, reproduite par Marcadé. La loi doit ici encore fléchir devant l'équité, et il ne serait pas juste que le prix fût intégralement restitué à l'acheteur.

Pour obtenir cette restitution du prix, l'acquéreur peut, nous l'avons dit en notre chap. II, poursuivre le vendeur primitif, *omisso medio*, sans qu'il ait besoin de recourir à l'art. 1166 du Code Napoléon. Mais cette poursuite directe qui offre cet avantage d'éviter une série de recours inutiles et qui prend sa source dans l'obligation de garantie dont est tenu le vendeur, il ne peut l'exercer que jusqu'à concurrence de la somme que pourrait réclamer son vendeur lui-même. — Il se peut que le vendeur primitif, contre lequel l'acheteur veut exercer son recours, ait touché, lui, un prix moindre que celui qu'a dû payer l'acquéreur évincé, et que cependant celui-ci, prétendant que son propre vendeur sera fondé à réclamer non ce qu'il a versé, mais la somme même jusqu'à concurrence de laquelle condamnation sera prononcée contre lui, entende la toucher directement de ce premier vendeur, qui est seul solvable. Quelqu'étrange que puisse sembler d'abord une telle proposition, elle devrait être accueillie. En effet, le vendeur, nous allons le voir bientôt, doit à l'acheteur des dommages et intérêts; les dommages et intérêts dus sont, en général (art. 1149, Code Napoléon), de la perte que fait le créancier et du gain dont il a été privé. Le second vendeur donc qui a vendu, je suppose, 1,500 fr. ce qu'il avait payé 1,000 fr., pourra réclamer à son auteur 1,000 fr. à titre de restitution, 500 fr. comme compensation de la perte du gain qu'il avait fait. Dès lors, pourquoi le second acheteur ne s'adresserait-il pas directement au premier vendeur et ne pourrait-il pas en obtenir ce qu'en obtiendrait sans conteste son garant?

Dans le prix, sont comprises les diverses gratifications données le plus souvent au vendeur, sous les noms de pots de vin, épingles, etc.

Quant aux intérêts du prix, il serait équitable qu'il en fût tenu compte à l'acheteur, puisque, en réalité, le vendeur en a profité. — Je ne crois cependant pas qu'il puisse les exiger. D'un côté, le texte de l'art. 1630 est complétement muet sur ce point; d'un autre côté, aux termes de l'art. 1153, les intérêts des sommes d'argent ne sont dus qu'à dater de la demande en justice, excepté dans les cas où la loi, par des dispositions spéciales et expresses, les fait courir de plein droit. D'ailleurs, le plus souvent, la perte des intérêts est compensée pour l'acheteur par la perception des fruits de la chose; s'il en est autrement, les juges le prennent en considération dans la fixation des dommages et intérêts.

Le vendeur doit encore à l'acheteur évincé :

b. — *Restitution des fruits que l'acheteur est obligé de rendre au propriétaire.* — Le possesseur de mauvaise foi est seul (art. 549, Code Nap.) tenu de rendre les fruits au propriétaire : tels qu'ils sont, s'ils existent en nature; s'ils sont consommés, il en paie la valeur. En droit romain, le possesseur de mauvaise foi n'était d'abord tenu que des fruits qu'il avait réellement perçus. Plus tard, on l'obligea à rendre compte des fruits qu'il aurait pu percevoir. Pour calculer le montant de ces derniers, la loi 62, *de Rei vindicatione* : « *Generaliter autem quum de fructibus* » *æstimandis quæritur, constat animadverti debere* » *non an malæ fidei possessor fruiturus sit, sed an pe-* » *titor frui potuerit si ei possidere licuisset* (1), » décide évidemment que l'on doit prendre en considération la personne du demandeur lui-même; d'autres lois, au contraire, la loi 2, au Code, *de Fructibus*, liv. 7, tit. 51, et notamment la loi 25, § 4, *de Petitione hæreditatis*, Digeste, liv. 5, tit. 3, déclarent qu'il fallait examiner la personne du défendeur : « *Sed ei fructus non quos perceperunt sed quos* » *percipere debuerunt eos præstaturos.* » — En présence de cette divergence de textes, M. de Savigny et M. Pellat pensent que l'on doit rechercher si le possesseur a cultivé en bon père de famille et, dans ce cas, prendre pour base sa propre gestion, bien que toutefois il y ait lieu à lui réclamer les bénéfices qu'aurait pu procurer au propriétaire une situation particulière.

Dans notre droit, on a reproduit les principes acceptés

____

(1) Dig., liv. 6, tit. 1.

en droit romain, avec l'étendue que leur donne la loi 62, *de Rei vindicatione*, sans qu'il y ait lieu de distinguer entre les fruits naturels, industriels ou civils.

Quant au possesseur de bonne foi, il faisait d'abord les fruits siens, dès qu'ils étaient détachés du sol; et, si le jurisconsulte Julianus enseignait qu'il en était ainsi jusqu'au moment de l'éviction, pourvu que le possesseur eût l'*animus domini* et une juste cause de possession (1), la doctrine de Paul, d'après laquelle la bonne foi était nécessaire à chaque perception de fruits, a prévalu (2). Ces principes ont été modifiés par l'influence qu'a exercé le sénatus-consulte Jouventien. Ce sénatus-consulte, voté sous Adrien, avait décidé qu'en matière de revendication d'hérédité, le possesseur de bonne foi devait rendre tout ce dont il s'était enrichi : « *Quatenus locupletior factus fuerat.* » Il devait donc rendre les fruits existants et même ceux consommés, s'il avait économisé les siens.

Cette règle, au moins en ce qui concerne les fruits non consommés, se généralisa, et tout possesseur de bonne foi fut tenu de restituer, outre les fruits perçus après la *litis contestatio*, les fruits *exstantes* (3).

Les rédacteurs du Code ont sur ce point adopté complétement les règles du droit romain au temps des jurisconsultes classiques : le possesseur de bonne foi fait les fruits siens tant qu'il est de bonne foi ; mais il cesse d'être de bonne foi dès que les vices de sa possession lui sont connus, dès qu'il sait qu'il est possible qu'un autre que lui soit propriétaire, et de ce jour il doit compte des fruits qu'il a recueillis.

(1) Loi 25, § 2, D., de Usuris et fructibus, liv. 22, tit. 2.

(2) Loi 48, § 1, de Adquirendo rerum domino, D., liv. 41, tit. 1.

(3) Loi 22, Code, de Rei vindicatione, D., l. 3, tit. 32.

Ainsi, pour en revenir à notre sujet, l'acheteur évincé devra, dans presque toutes les hypothèses, restituer au demandeur une partie des fruits qu'il a perçus. — S'il a été de mauvaise foi, il les devra tous, mais sans pouvoir rien exiger de son vendeur, car il savait bien passer un contrat nul (1599), et sa mauvaise foi ne saurait lui servir de titre; s'il a été de bonne foi, il devra ceux qu'il a acquis depuis la citation en conciliation qui lui a été notifiée, si la demande a été formée dans le mois, à compter du jour de la non comparution ou de la non conciliation (argum. de l'art. 57 du Code de proc. civ.), sinon du jour de la demande en justice, sous l'obligation pour le propriétaire de l'indemniser des frais de labour, travaux et semences (540, Code Nap.). — Ce sont ces fruits restitués dont la loi permet à l'acheteur de réclamer à son vendeur une nouvelle restitution.

c. — *Restitution des frais judiciaires.* — L'acheteur a droit en troisième lieu à la restitution des frais judiciaires. Il est bien évident, toutefois, que si le vendeur, reconnaissant les justes prétentions du demandeur au procès, déclarait à l'acheteur qu'il n'a moyens opposants à la demande, et que celui-ci voulût la combattre quand même, il resterait personnellement soumis à des dépens que sa morosité seule aurait occasionnés. — Si, en effet, une action est en principe accordée à l'acheteur pour le recouvrement des frais de l'instance, c'est que la loi suppose qu'il n'a défendu aux affirmations adverses que dans la conviction du bon droit de son auteur et dans leurs intérêts communs.

Encore, son recours ne s'étend-il pas toujours à la totalité de ses déboursés. — Pothier, et avec lui MM. Troplong et Duranton (1), pensent que le vendeur n'est tenu des frais

____

(1) Pothier, Vente, n° 128; — Troplong, n° 500; — Duranton, t. 16,

faits sur la demande originaire que depuis le moment où il a été appelé en cause, sauf le coût de l'exploit introductif d'instance, qu'il doit toujours rembourser. — M. Bugnet prétend au contraire que tous les frais, quels qu'ils soient, demeurent à sa charge (1). — Il en trouve une preuve dans l'art. 2028 du Code Napoléon. Dans cet article, le législateur, examinant quel recours la caution peut exercer contre le débiteur principal, restreint aux frais faits depuis qu'elle a dénoncé au débiteur les poursuites dirigées contre elle ceux qui devront lui être restitués. Dès lors, dit-il, si la situation de l'acheteur eût dû être réglée en tous points comme celle de la caution, l'art. 1630 n'eût pas manqué de contenir une disposition analogue à celle de l'art. 2028. L'art. 1630 parle de tous frais sans restriction aucune, suivant l'époque à laquelle ils ont été faits : donc la généralité de ces mots, rapprochée de la réserve de l'art. 2028, démontre que l'on ne doit point introduire dans l'art. 1630 une distinction qui n'y est point contenue.

Je verrais plutôt dans le rapprochement de ces deux textes, par analogie de motifs, un argument en faveur du premier système; mais, ici, je crois que l'on doit, pour donner à la question une solution juste, équitable et en même temps légale, prendre certains faits en considération; distinguer parmi les frais antérieurs à la mise en cause du garant, ceux que nécessitait véritablement une défense bien entendue et ceux qui, sans utilité sérieuse, peuvent être qualifiés de frustratoires. — Tenu des pre-

---

nos 291, 292. L'ordonnance de 1667, tit. VIII, art. 14, portait : « Les garants qui succomberont seront condamnés aux dépens de la cause principale du jour de la sommation seulement, et non de ceux faits auparavant, sinon de l'exploit de demande originaire. »

(1) Notes sur le n° 109 de Pothier.

miers, quelle que soit leur importance, le vendeur n'est pas responsable des seconds.

d. — *Restitution des frais et loyaux coûts du contrat.* — La vente, parfaite entre les parties *solo consensu,* n'en doit pas moins, pour valoir à l'égard des tiers, être constatée par écrit.—De là, des frais plus ou moins élevés : les honoraires du notaire, rédacteur du contrat; le prix du papier timbré; le coût de l'enregistrement : 4 0/0, suivant l'art. 69, § 7, de la loi du 22 frimaire an VII; 5 1/2 0/0, aux termes de l'art. 52 de la loi du 28 avril 1816; — transcription : 1 1/2 0/0, sous l'empire de la loi du 21 ventôse an VII, aujourd'hui droit fixe, toujours le même; — quelquefois, les frais de visites de lieux, de mesurage. — Tous ces frais, à moins de stipulations expresses, dérogeant aux principes de l'article, sont à la charge de l'acquéreur; ils sont faits, en effet, pour donner au droit qu'il veut acquérir, une force, une solidité plus grande, qui le protége envers et contre tous. S'il est évincé, ils ont été inutiles; il répétera de son vendeur les sommes qu'ils ont absorbées sans résultat (1).

e. — *Dommages et intérêts.* — Le prix doit toujours être restitué; il a été payé sans cause et serait retenu in-

(1) Un arrêt de la Cour de cassation du 22 avril 1856 (D., 1856, 1-210), a décidé avec raison qu'il ressortait de l'esprit du Code Napoléon que les frais de purge d'hypothèques légales devaient être supportés par le vendeur. L'art. 777 du Code de procédure civile le disait expressément pour le cas où un ordre était ouvert. « L'acquéreur sera employé par préférence pour le coût de l'extrait d'inscription et dénonciations aux créanciers inscrits. » — L'art. 774 de la loi du 21 mai 1858 a conservé à l'acquéreur ce privilége. — Pourquoi donc son droit au remboursement, ainsi consacré dans cette hypothèse spéciale, ne serait-il pas étendu aux autres hypothèses? — Toutefois, quant aux frais de purge des hypothèques occultes, l'acheteur, sans doute par une omission, est simple créancier chirographaire.

justement. Mais lorsqu'il a été remis intégralement à l'acheteur, que le vendeur lui a remboursé les divers frais que nous avons énumérés, le vendeur n'a point encore accompli toutes ses obligations. La loi voulant, avant tout, que l'acheteur demeure indemne, lui accorde droit à des dommages et intérêts ; mais, ces dommages et intérêts, il ne les obtiendra qu'autant qu'il sera établi que les diverses sommes qui lui sont allouées par ailleurs n'ont pas suffi pour l'indemniser complétement, et ils seront proportionnés à la perte réelle qu'il a subie et au gain dont il a été privé (1449). Il faut bien se garder, et cela résulte de ce qui précède, de comprendre le prix parmi ces dommages et intérêts et de suivre dans cette erreur et Rebufle et autres vieux auteurs stigmatisés par Dumoulin *de eo quod interest*, n° 38, pour admettre avec lui que « *quod* » *interest non comprehendit rem principalem, nec ejus* » *pretium vel æstimationem, sive principalem ipsam* » *utilitatem, sed tantum comprehendit damnum vel* » *lucrum, occasione culpæ vel moræ emergens, vel cessans extrinsecus, scilicet præter rem principalem et* » *ejus causam.* »

Les dommages et intérêts se composent notamment tant des dépenses autres que celles qui sont une charge des fruits, que de la différence entre le prix de vente et la valeur plus grande de la chose au moment de l'éviction.

1° *Les dépenses.* — Ici une double distinction est faite par les art. 1634 et 1635, suivant que ces dépenses sont nécessaires, utiles ou voluptuaires, et suivant que le vendeur a été de bonne ou de mauvaise foi. Les dépenses nécessaires sont évidemment toujours dues, et il en est de même des dépenses utiles. Art. 1634 : « Le vendeur est tenu de rembourser ou faire rembourser à l'acquéreur par celui qui l'évince toutes les réparations ou améliorations utiles qu'il aura faites au fonds. » Rembourser ou faire rembourser, car (art. 555) le propriétaire qui triomphe dans sa revendication ne doit pas tirer profit des améliorations qui proviennent du fait du possesseur.

Si, à son égard, mon vendeur a été de bonne foi, il devra payer à son choix, soit la valeur des matériaux que j'ai employés et le prix de la main-d'œuvre, soit la plus-value qui en est résulté ; si mon vendeur a été de mauvaise foi, le propriétaire ne sera tenu, s'il le veut, à aucune indemnité ; mais alors force lui sera de laisser enlever tous les matériaux apportés sur son fonds, sauf la possibilité, si des dégradations sont commises, d'en obtenir raison. A l'égard de l'acheteur évincé, l'importance du remboursement sera toujours égale à la plus-value que le fonds a retirée des améliorations qu'il a réalisées. Cela doit être ainsi dans tous les cas ; car, si la dépense est supérieure à la plus-value, ce surplus de dépenses était à tout jamais perdu pour lui ; si, au contraire, la plus-value a dépassé la dépense, l'acheteur perd ce bénéfice même qu'il devait attendre de sa vigilance et de sa bonne administration. — Quant aux dépenses voluptuaires qui n'ont apporté à la propriété aucune augmentation de valeur, le vendeur les restituera toutes s'il a vendu sciemment la chose d'autrui à un acheteur de bonne foi ; il ne paiera rien si lui-même a été induit en erreur. C'est ce qui était décidé en droit romain ; c'est ce que décide l'art. 1635 du Code Napoléon : « Si le vendeur a vendu de mauvaise foi le fonds d'autrui, il sera obligé de rembourser à l'acquéreur toutes les dépenses même voluptuaires ou d'agrément que celui-ci aura faites. »

Là ne se borne pas la différence entre le vendeur de

bonne et le vendeur de mauvaise foi; il en est une autre qui recevra presque journellement son application. Le vendeur de bonne foi n'est tenu que du dommage souffert par l'acheteur et que l'on a pu prévoir lors du contrat (1150, C. Nap.); le vendeur de mauvaise foi est tenu même du dommage imprévu; il est tenu indistinctement de tout ce qui est une suite immédiate et directe de l'inexécution de la convention (1151, Code Nap.). Ainsi j'achète une maison; j'y fais des réparations considérables; j'y établis un hôtel, bientôt fort achalandé, puis je suis évincé : si mon vendeur a été de bonne foi, je pourrai lui réclamer le prix, la plus-value, suite des travaux exécutés, mais voilà tout; ma clientèle me quittera peut-être lors du déplacement de mon hôtel, qui se trouvait situé dans une position exceptionnelle; une grave atteinte est ainsi portée à mon industrie; ma fortune est compromise; je subirai ce mal sans que ma plainte soit entendue. Mon vendeur a été de mauvaise foi, oh alors, il a contribué plus gravement et plus directement à ma ruine; il devra réparer ce qui est son œuvre, m'assurer un chiffre d'affaires aussi élevé que celui auquel j'étais habitué.

Reste sur ce point une dernière question : je suppose que l'acheteur est condamné à indemniser le propriétaire revendiquant pour dégradations qu'il a commises ou abus de jouissance qui lui sont imputables, aura-t-il encore, de ce chef, une action en répétition contre son vendeur? Incontestablement ouï, s'il a cru que l'immeuble qu'il possédait lui appartenait réellement; incontestablement non si, au moment du contrat passé avec son vendeur, il a su que celui-ci n'était pas propriétaire.

Mais *quid* si, acheteur de bonne foi, ces dégradations ont été faites postérieurement à la demande en justice formée contre lui ? Il n'aura, suivant nous, droit à aucun recours, puisque, nous l'avons vu, la citation en conciliation, premier acte de procédure, le constitue de mauvaise foi. — Telle n'est point cependant l'opinion de Pothier. « Quoique l'acheteur, dit-il, vis-à-vis du propriétaire ori- » ginaire, ait eu tort de faire des dégradations, il n'a pas » eu tort vis-à-vis de son garant, qui ne peut lui repro- » cher pourquoi il les a faites; il avait droit, en les fai- » sant, de compter sur la garantie qui lui a été promise ; » il avait droit de compter que son garant empêcherait » l'éviction, comme il s'y était obligé; le garant ne peut » donc avoir aucun prétexte pour se dispenser de l'ac- » quitter de cette condamnation. » Je crois que c'est là accorder à l'acheteur un droit qu'il ne peut avoir : il ne peut se dissimuler que l'issue d'un procès est toujours douteuse; il doit, dès lors, demeurer dans l'inaction ; le système contraire met en quelque sorte son vendeur à sa discrétion et à sa merci.

D'ailleurs, si l'art. 1631 déclare qu'en général on ne doit pas faire supporter à l'acheteur les dégradations, il repro- duit le principe de la loi 31, de *petitione hœreditatis :* « *qui quasi suam rem neglexit nulli querelœ subjectus est,* » principe que ne peut ici invoquer l'acheteur, parfai- tement éclairé sur la nature de ses droits.

2° *La différence entre le prix de vente et l'augmenta- tion de valeur due à toute autre cause que les impenses.* Le plus souvent, pas de difficulté sur ce point; une esti- mation tranchera les prétentions diverses. Mais le vendeur sera-t-il donc responsable *in infinitum ?* sera-t-il respon- sable si la plus-value, suite d'événements imprévus aux- quels aucune des parties n'avait pu songer, est immense? Ainsi c'est l'établissement d'un canal, d'une route, d'un chemin de fer, qui est venu donner une valeur considérable à ce qui semblait à peine susceptible de légères variations dans son prix. La loi unique, au Code, de *sententiis quæ pro eo quod interest*, portait que les dommages et intérêts contre le vendeur de bonne foi ne devaient jamais s'élever au-delà du double du prix de la chose, sa valeur comprise. Dumoulin admet cette même règle. La doctrine de Dumoulin a été reproduite par Pothier, *Traité des obligations*, n° 164, *et de la vente*, n° 132. M. Toullier, t. 6, n° 285, soutient que ce principe retombe dans l'arbitraire le plus absolu et le rejette pour ce; M. Troplong est disposé à admettre l'opinion de Toullier, tout en reconnaissant le système de Dumoulin et de Pothier, plus conforme à l'équité. Aucun doute ne nous semble possible en présence des termes de l'art. 1150 : « Le débiteur n'est tenu que des dommages et intérêts qui ont été prévus ou qu'on a pu prévoir lors du contrat, lorsque ce n'est point par son dol que l'obligation n'a point été exécutée. » Donc le vendeur de bonne foi ne devra qu'une somme représentative de l'augmentation qu'il était permis de présumer au moment de la vente. Si le vendeur a été de mauvaise foi, il est tenu *in infinitum*; véritablement coupable, il est puni de son dol, et c'est justice.

Les parties fixent quelquefois d'avance et dans le contrat même de vente, les dommages et intérêts que le vendeur sera tenu de payer à l'acheteur en cas d'éviction. « *Optimum erit*, disent les *Institutes*, liv. 3, ch. XV, n° 7, *pœnam subjicere ne quantitas stipulationis in incerto sit ac necesse sit actori probare quid ejus intersit.* » La volonté des parties doit être pleinement exécutée; s'il s'élevait une contestation entre elles, les tribunaux devraient appliquer rigoureusement la clause pénale spécifiée dans le contrat; il ne leur est permis d'en modifier le chiffre (1254) que lorsque l'obligation principale a été exécutée pour partie : « La peine stipulée par les contrac- » tants fait loi entre eux ; le créancier ne doit pas être ad- » mis à dire que cette peine est insuffisante, ni le débiteur » qu'elle est exagérée. Quel serait le juge qui, mieux que » les parties, pourrait connaître les circonstances et les in- » térêts primitifs qui ont déterminé la fixation de la peine ? » On doit appliquer ici les raisonnements faits sur la fixa- » tion d'une somme stipulée pour dommages et intérêts. »

Si le vendeur vient à mourir et qu'un trouble soit ap- porté à la possession de l'acheteur par l'un des héritiers seulement, la clause pénale sera encourue pour le tout, car nous avons démontré que l'obligation de garantie est indivisible, et l'art. 1232 porte que : « lorsque l'obligation » primitive contractée avec une clause pénale est d'une » chose indivisible, la peine est encourue par la contra- » vention d'un seul des héritiers du débiteur, et elle peut » être demandée soit en totalité contre celui qui a fait la » contravention, soit contre chacun des cohéritiers pour » leur part et portion, et hypothécairement pour le tout, » sauf leur recours contre celui qui a fait encourir la peine.»

II. — *Eviction partielle.* — Jusqu'ici nous avons sup- posé une éviction totale; il est possible qu'une partie de la chose vendue ait été enlevée à l'acheteur. L'art. 1636 règle alors la mesure de ses droits : « Si l'acquéreur n'est » évincé que d'une partie de la chose et qu'elle soit de » telle conséquence relativement au tout que l'acquéreur » n'eût point acheté sans la partie dont il a été évincé, il » peut faire résilier la vente. » — Art. 1637 : « Si, dans » le cas de l'éviction d'une partie du fonds vendu, la vente » n'est pas résiliée, la valeur de la partie dont l'acquéreur

» se trouve évincé lui est remboursée suivant l'estimation
» à l'époque de l'éviction, et non proportionnellement au
» prix total de la vente, soit que la chose ait augmenté ou
» diminué de valeur. »

Ainsi, si l'acheteur n'est évincé que pour partie, la situation est régie par deux dispositions différentes, suivant
l'importance de cette partie dont il est privé; jusqu'à un
certain point, suivant sa volonté même. L'art. 1636 concède à l'acheteur une faculté. L'éviction est-elle peu importante, l'acheteur obtiendra seulement des dommages et
intérêts; — l'éviction est-elle considérable, est-ce une portion notable et féconde de la chose qui est attribuée à un
tiers, s'il plaît à l'acheteur de conserver ce que le jugement
lui a laissé, c'est son droit; si, au contraire, cette éviction
l'empêche d'atteindre le but qu'il s'est proposé, rend impossible la réalisation de ses espérances, il peut, en dé-
montrant la sincérité de ses allégations, en prouvant par
des documents sérieux que si la chose, au moment de la
vente, avait été réduite aux proportions que l'éviction lui
a laissées, il ne l'eût point acquise, il peut demander et
obtenir que le contrat soit considéré comme non avenu.
— La vente est-elle résiliée, l'acheteur, pour la restitution
du prix, pour les dommages et intérêts, a exactement les
mêmes droits que s'il avait subi une éviction totale.

La vente est-elle maintenue, l'acheteur invoquera contre
son vendeur les dispositions de l'art. 1637.

Mais, dans la rédaction de cet article, ne peut-on pas
reprocher au législateur une anomalie, une inconséquence?
— Il semble au premier abord que l'éviction partielle
doive être réglée par les mêmes principes que l'éviction
totale. Nous avons vu que l'acheteur, évincé pour le tout, a,
aux termes des art. 1630 et 1631, le droit de répéter le prix

même qu'il a payé; il semble donc que l'acheteur évincé d'une partie de cette chose ait droit à une part proportionnelle de ce même prix; et voilà que l'art. 1637 déclare que, quant à ce dernier, il faut, pour connaître la somme qui lui revient, se placer non plus au moment de la vente, mais au moment de l'éviction; n'est-ce pas troubler l'harmonie de nos lois?

MM. Delvincourt et Duranton soutiennent que l'art. 1637 n'est pas applicable, lorsque l'éviction porte sur une partie indivise et aliquote; qu'il dispose seulement pour le cas où il s'agit d'une éviction divise et déterminée, et qu'il en est ainsi parce qu'alors il serait trop difficile de rechercher pour quelle fraction la partie enlevée a figuré dans le prix total. — La généralité des termes de l'art. 1637 repousse une telle interprétation : « *Ubi non distinguit lex, nec nos distinguere debemus.* »

L'art. 1637 se justifie, du reste, facilement : quand il y a éviction totale, la vente n'a produit aucun effet; si le vendeur n'était tenu que de la valeur de la chose au moment de l'éviction et que cette chose eût diminué de valeur, il conserverait injustement le surplus du prix. — Dans l'hypothèse de l'art. 1637, au contraire, la vente est maintenue; elle a assuré à l'acheteur la propriété de la plus grande partie de la chose qui faisait l'objet du contrat; le vendeur ne doit donc à l'acheteur qu'une somme représentative de la perte réelle qui résulte pour lui de l'éviction; cette somme se trouve fixée naturellement par la valeur de la partie enlevée; aussi est-ce là tout ce que le vendeur doit payer; et nous ne pouvons admettre avec M. Duvergier, n° 376, que l'acquéreur ait droit en outre au remboursement des fruits dont il lui a fallu opérer la restitution et à une part des frais et loyaux coûts du contrat. — Ce sont là des exigences qui, naturelles dans cette hypothèse de l'art. 1630, où l'acquéreur doit recouvrer tout ce qu'il a versé sans justes motifs, n'ont plus de raison d'être dans l'espèce prévue par l'art. 1637. Cet article, complet dans ses dispositions, ne peut recevoir une étendue et une portée nouvelles du rapprochement que l'on veut opérer entre lui et l'art. 1630. Chacun d'eux s'applique à une éviction particulière et suffit par lui-même à en régler les conséquences.

CHAPITRE V.

De la Garantie des Charges non déclarées.

I. — *Le vendeur est garant des charges non déclarées. L'acheteur peut même faire résilier la vente, si elles sont d'une importance telle qu'il n'eût point acheté s'il les avait connues.*

II. — *Des clauses de style insérées dans les contrats. — Le vendeur ne peut être relevé de cette obligation de garantie qu'autant que la volonté des parties, sur ce point, est clairement manifestée.*

I. — Il est certaines charges « imposées sur un héritage pour l'usage et l'utilité d'un héritage appartenant à un autre propriétaire; » ces charges, ce sont les servitudes. — Ces servitudes peuvent être *continues* ou *discontinues*, *apparentes* ou *non apparentes*. « Les servitudes con-

tinues sont celles dont l'usage est ou peut être continu, sans avoir besoin du fait actuel de l'homme ; les servitudes *discontinues* sont celles qui ont besoin du fait actuel de l'homme pour être exercées (art. 688).

« Les servitudes *apparentes* sont celles qui s'annoncent par des ouvrages extérieurs, tels qu'une porte, une fenêtre, un aqueduc ; les servitudes *non apparentes* sont celles qui n'ont pas de signes extérieurs de leur existence, comme par exemple la prohibition de bâtir sur un fonds, ou de ne bâtir que jusqu'à une hauteur déterminée (art. 689). »

Une servitude peut être à la fois *continue* et *apparente;* ainsi la servitude de vue qui se révèle par des jours ouverts sur le fonds servant ; — *continue sans être apparente*, comme la servitude *non œdificandi ;* — *apparente sans être continue*, telle que cette servitude de passage, révélée par l'établissement d'une barrière, d'une brèche, d'une voie charrière ; — *discontinue et non apparente* tout à la fois, telle qu'une servitude de passage qu'aucun signe ne fait présumer.

Ici, nous devons retenir une seule de ces distinctions : celle établie par l'art. 689 entre les servitudes apparentes et les servitudes non apparentes. — Quant aux premières, le vendeur n'est point obligé, en principe, de les faire connaître à l'acheteur. Celui-ci sans doute, avant de passer contrat, aura soin de visiter la chose dont il veut se porter acquéreur, et pourvu qu'il apporte quelque attention dans son examen, aucune de ces servitudes, dont l'usage a nécessité certains travaux, ne lui échappera ; s'il ne les remarque pas, il devra s'imputer sa propre négligence. — Il en serait autrement toutefois si, par une stipulation expresse, le vendeur avait garanti que le fonds vendu n'était grevé d'aucune de ces charges. Il suffirait même, pour engager sa responsabilité, qu'il eût déclaré son immeuble franc et quitte de *toutes* servitudes. Vainement on a prétendu que cette clause ne devait s'entendre que des charges occultes, elle est générale, ne comporte point de restriction; d'un autre côté, l'ambiguité de ces termes, si tant est qu'il y ait ambiguité, devrait s'interpréter contre le vendeur (1602). Cette stipulation n'est que la reproduction de cette stipulation du droit romain : « *Fundus ut optimus maximusque nulli servit* (1); *nihil præstatur* (2).

Les servitudes non apparentes, au contraire, peuvent demeurer ignorées de l'homme le plus vigilant; pas une trace, pas un vestige n'aide à les découvrir; rien donc de plus facile au vendeur que d'affirmer qu'un fonds, grevé même de plusieurs de ces servitudes, est libre de toutes charges; rien de plus facile, par conséquent, que d'induire dans une erreur dont les conséquences peuvent être graves pour lui, l'acheteur trop confiant.

La loi devait prévenir et a prévenu cette fraude. Le vendeur doit dénoncer les servitudes non apparentes, sinon il en est garant. Sont-elles de peu d'importance, l'acheteur obtient des dommages et intérêts; sont-elles d'une importance telle « qu'il y ait lieu de présumer que l'acquéreur » n'aurait pas acheté s'il en avait été instruit, il peut de-» mander la résolution du contrat, si mieux il n'aime se » contenter d'une indemnité (art. 1638). »

Si la résolution du contrat est sollicitée et obtenue, le vendeur doit : 1° restituer le prix compté; 2° les frais faits sur la demande en garantie et ceux faits par le demandeur originaire; 3° les frais et loyaux coûts du contrat; 4° les

---

(1) Ulpien, loi 90, de *Verborum significatione*. Dig., liv. 50, tit. 16.

(2) Paul, loi 169, *de Verb. signif.*

dommages et intérêts. — Ce dernier point est controversé. M. Troplong, tirant argument de l'art. 1644, pense que l'acheteur qui demande l'annulation de la vente n'a point droit à des dommages et intérêts, à moins que le vendeur n'ait été de mauvaise foi. Mais qu'importe ici l'art. 1644? Il est compris dans un autre chapitre que l'art. 1638, sous une rubrique distincte; le législateur, s'occupant de la garantie des charges non déclarées, ne pouvait vouloir faire application à cette matière d'un texte relatif à une section différente et qui n'était point élaboré. — Quant à la bonne ou à la mauvaise foi du vendeur, elle ne sera pas sans influence sur la quotité des dommages. Sans aucun doute, le juge, dans la condamnation, sera plus indulgent pour le vendeur qui ignorait lui-même le danger d'éviction que pour celui qui a agi sciemment; mais là se bornent les effets de la bonne ou de la mauvaise foi. — Si la vente est maintenue, suivant M. Troplong, l'action appartenant à l'acheteur aura pour objet de faire condamner le vendeur à supporter, à dire d'experts, une diminution de prix proportionnée à la diminution même qu'aurait imposée l'acheteur s'il avait connu la charge. C'est là encore, nous le croyons du moins, une erreur. Le contrat recevant sur tous les points son effet, l'obligation pour l'acquéreur de subir une servitude qu'il ne connaissait point constitue une véritable éviction partielle. Toute éviction partielle est prévue par l'art. 1637; il semble donc bien juste, rapprochant ce texte de l'art. 1636, de soutenir que l'acquéreur recevra une somme représentative de la moins-value du fonds au moment de l'éviction.

La même garantie est due par le saisi dont les biens ont été vendus sur expropriation forcée. (V. notre chap. Ier, II, B.)

II. — Souvent, dans la pratique, le vendeur stipule dans le contrat qu'il vend les biens qui font l'objet de ce contrat, *tels qu'ils se comportent, ainsi qu'il en a toujours joui, avec leurs droits et conditions; ou ainsi qu'ils se poursuivent et que l'acheteur dit bien les connaître.* — Ce sont là des clauses de style qui ne peuvent affranchir le vendeur des obligations que lui impose l'art. 1638.

Il est évident que l'acheteur ne connaît des biens que ce qu'il a pu apprécier. Loyseau, cependant, enseignait des principes contraires : « Il y a, dit-il, des choses au » droit romain et à nous pour s'exempter de cette garantie, » au cas que l'on y fust tenu, ou suivant l'édict des Ediles » ou autrement, à savoir quand on exprime au contrat : » *rem qualis est vœnire;* que nous disons vendre la chose » telle ou en tel état qu'elle est, ou vendre tout et tel » droit que l'on a en icelle; et aux maisons et terres on » dit : *Quo jure, quaque conditione ea prœdia L. Titii* » *sunt hodie ita vœneunt,* que nous disons, ainsi qu'ils » se poursuivent et comportent et que l'acheteur a dit bien » sçavoir connaître (1). » — Mais, un siècle environ plus tard, Domat déjà disait : « Si un héritage est vendu comme » il se comporte ou ainsi que le vendeur en a bien et » dûment joui, ou avec ses droits et conditions, ces expres- » sions et autres semblables n'empêchent pas que le » vendeur ne demeure garant des servitudes cachées et » des charges inconnues, comme serait une rente foncière, » à laquelle l'héritage serait asservi (2). » Et, à peu près à la même époque, Bourjon, allant beaucoup plus loin encore, soutenait que : « L'expression insérée dans le

(1) Garantie des rentes, chap. 2, n° 16.

(2) Livre 1, tit. 2, section 11, n° 13.

» contrat de vente que la maison est vendue comme elle se
» poursuit et comporte n'empêche pas que le vendeur ne
» soit garant des servitudes non exprimées dans le contrat
» de vente, encore que la servitude fût visible; il est tenu
» d'expliquer les charges, et dans cette expression, il est
» justement réputé avoir vendu l'immeuble comme
» libre (1). »

Nous avons dit que l'acheteur ne pouvait être garant
des charges apparentes; aussi l'opinion de Bourjon n'a-
t-elle point prévalu, mais celle de Domat est aujourd'hui
unanimement adoptée par les jurisconsultes (2). — La jurisprudence est également conforme. Un arrêt, notamment,
met bien en relief cette doctrine. D'Auxion avait vendu à
Martin Lacoste la terre de Cardaillac, comprenant une forêt
grevée de droits d'usage au profit de plusieurs communes.
Le contrat portait que la vente était faite « dans l'état que
tout se trouve, sans en rien excepter ni réserver, servitudes
actives et passives en dépendant, sous la contribution foncière et charges communales. » — « La Cour : Attendu que
» lors de la vente du domaine de Cardaillac, la forêt qui
» en dépend se trouvait grevée aux dépens de diverses
» communes de certains droits d'usage; que, quelque qua-
» lification que l'on donne à l'exercice de ces usages re-
» connus par toutes les parties, ce sont toujours des
» charges discontinues et occultes qui soumettent le
» vendeur à la garantie envers l'acquéreur, aux termes des
» art. 1626 et 1638, Code Napoléon, faute d'en avoir fait
» la déclaration dans l'acte de vente; *que ni la charge des*

(1) Droit commun de la France, t. I, p. 481, n° XL.

(2) Troplong, n° 529 et suiv. — Marcadé, sur l'art. 1638. — Duvergier,
t. I, n° 379.

» *servitudes actives et passives, ni celles communales*
» *imposées à l'acquéreur ne sont, dans l'opinion de la*
» *Cour, comme dans celle des auteurs et de la jurispru-*
» *dence, que des clauses de style, lorsque, en fait, les*
» *servitudes sont occultes.* » — Le pourvoi a été rejeté le
17 janvier 1842 (1).

Il faut donc, pour dispenser le vendeur de la garantie
des servitudes occultes, une clause claire et précise qui ne
laisse aucun doute sur la volonté des parties. La connaissance qu'aurait l'acquéreur de leur existence ne suffirait
pas pour lui enlever son recours; dans l'art. 1638, comme
dans l'art. 1626, la loi exige du vendeur une déclaration
expresse.

Il n'est pas nécessaire, du reste, que le vendeur spécifie
en détail l'étendue, les conditions de chaque servitude ; il
n'est obligé qu'à avertir l'acquéreur que son fonds est grevé
de telle ou telle charge, sauf à celui-ci, bien et dûment
instruit, à recueillir tous les renseignements utiles et à
consulter les titres constitutifs. Sur ce second point aussi,
la Cour suprême est d'accord avec l'unanimité des auteurs,
ainsi qu'il résulte notamment de deux arrêts des 2 février
et 23 mars 1852. — Dans la première espèce, une maison
étant vendue par adjudication, le cahier des charges portait
qu'un propriétaire voisin avait droit de prise d'eau sur une
douve dépendant de la maison; il n'était point dit expressément que le propriétaire du fonds servant devait faire à
ses frais les travaux que nécessitait l'exercice de la servitude ; l'adjudicataire prétendit à un recours contre le vendeur et fut repoussé et par la Cour de Paris et par la Cour
de cassation. — Dans la deuxième espèce, un sieur Col-

(1) Cour de Toulouse, 30 mai 1840. — Deville, 1842, 1-559.

lignon s'était porté adjudicataire d'une usine à gaz; le cahier des charges portait qu'un traité était passé entre cette usine et la ville de Verdun, et que l'adjudicataire serait tenu de l'exécuter. Il n'y était point mentionné que l'usine, pour sûreté de son engagement, était grevée d'une hypothèque de 33,000 fr. au profit de la ville. Collignon échoua dans le recours qu'il voulut intenter contre le gérant de la Compagnie d'éclairage (1).

Les mêmes règles, quant aux droits de l'acquéreur, sont applicables, soit que le fonds soit grevé d'une charge que l'acheteur n'a point connue, soit qu'il ne jouisse pas d'une servitude promise.

CHAPITRE VI.

De la Garantie des défauts cachés de la Chose vendue.

I. — *Vices rédhibitoires chez les animaux. — Droits de l'acquéreur sous l'empire du Code Napoléon.*

II. — *Loi du 20 mai 1838.*

III. — *Les art. 1641 et suivants sont applicables à toutes choses mobilières et immobilières.*

I. — Le vendeur, garant de la possession paisible de la

(1) D., 1852, 1-104 — 1-258.

chose vendue, des charges occultes qui la grèvent, ne répond point, en principe, des vices dont elle est affectée. Toutefois, il est certains défauts contre lesquels, en raison de leur nature particulière, il n'est point permis à l'acheteur de se prémunir. — La loi a donc dû intervenir encore une fois, pour le préserver de la mauvaise foi et de la fraude. — De là l'art. 1641, qui déclare le vendeur tenu de garantir ceux de ces défauts cachés « qui rendent la » chose vendue impropre à l'usage auquel on la destine, ou » qui diminuent tellement cet usage que l'acheteur ne l'aurait pas acquise ou n'en aurait donné qu'un moindre » prix s'il les avait connus. » — Dans ce cas, deux actions appartiennent à l'acheteur : l'action rédhibitoire et l'action *quanti minoris*. — Peu importe, du reste, nous allons le voir, que la chose vendue soit mobilière ou immobilière ; l'art. 1641 emploie le mot général *chose*, qui s'applique aux immeubles comme aux meubles ; c'est toutefois particulièrement dans les ventes mobilières, et surtout dans les ventes d'animaux, que l'action en garantie pour vices rédhibitoires est fréquemment intentée. — Nous nous occuperons d'abord des vices rédhibitoires chez les animaux.

Cette nouvelle obligation de garantie, déjà imposée au vendeur en droit romain, fut admise en tous temps et sous l'empire de nos coutumes. — La nomenclature des vices rédhibitoires a subi, suivant les époques, de singuliers changements. On se rappelle la liste si longue qu'en avaient dressé à Rome les édiles *de Ædilitio edicto.*—Le nombre des vices a diminué de jour en jour. — Loisel, dans ses *Institutes* coutumières, dont la première édition remonte à 1607, dit que « un vendeur de chevaux n'est » tenu de leurs vices, fors de la morve, pousse, courbes » et courbatures, sinon qu'il les ait vendus sains et nets ;

» ... languieurs sont tenus reprendre les porcs qui se
» trouvent mezeaux en la langue et, s'il n'y avait rien en
» la langue, et néanmoins se trouvent mezeaux en le
» corps, le vendeur est tenu en rendre le pris, sinon que
» tout un troupeau fust vendu en gros (1). » — Et Loyseau :
« Encore, en France, cet édit des Ediles n'est pas gardé
» exactement, car nous tenons qu'il n'y a que deux ou
» trois vices qui rendent les chevaux rédhibitoires, à sa-
» voir : la morve, la pousse, et, en quelques coutumes, la
» courbature, dont il y a un très-bel article en la coutume
» de Sens, § 260 (2). » — Et Bourjon : « ... Trois vices
» donnent lieu à la résolution de la vente des chevaux et
» à la restitution du prix, pourquoi ces vices sont appelés
» rédhibitoires..... Ces trois vices sont : la pousse, la
» morve et la courbature... Tout autre défaut du cheval,
» autre que les trois ci-dessus, n'est d'aucune considé-
» ration et, nonobstant iceux, la vente subsiste... (3). »

Les coutumes contenaient sur ce point des règles différentes ; chacune avait sa nomenclature à part (4). Il sem-

---

(1) Liv. 3, tit. 4, nos 17, 18.

(2) Garantie des rentes, chap. 2, n° 12.

(3) Droit commun de la France et de la coutume de Paris, tome Ier. —
De la Vente, tit. 3, nos 14, 15, 16, 17.

(4) Tandis que la plupart des coutumes, notamment celles de Lorraine,
de Champagne, du Bourbonnais, d'Orléans, du Nivernais, de Normandie, de
la Marche, du Maine, de l'Anjou, du Périgord, de la Provence, du Comtat-
Venaissin, du Berri, de la Franche-Comté, n'admettaient que les trois vices
dont nous parlent les anciens jurisconsultes, comme constituant des vices
rédhibitoires, la coutume de Bretagne y ajoutait le farcin ; les coutumes de
Gascogne, de Bigorre, d'Armagnac, du Languedoc, du Roussillon ne con-
naissaient point le farcin, mais admettaient la fluxion périodique des yeux.
— La coutume du Lyonnais considérait comme vices rédhibitoires, l'immobilité, le sifflage ou cornage. — La coutume de Cambrésis s'arrêtait à la

blait que le Code dût remédier aux inconvénients résultant de ces diversités de la loi; édicter des règles uniformes pour tous; limiter le nombre des vices rédhibitoires; indiquer le délai dans lequel l'action de ce chef devait être intentée (1). — Loin de là; sans doute, dans l'art. 1641, il fait bien connaître les conditions que devront réunir, pour entraîner la garantie, les défauts de la chose vendue; l'art. 1641 détermine quelle en doit être l'importance; l'art. 1642 déclare que le vendeur n'est point tenu des vices apparents dont l'acheteur a pu se convaincre lui-même; l'art. 1643, qu'il est tenu des vices cachés, quand même il ne les aurait pas connus; mais sans présenter ni

morve et à la pousse.; toutefois, un cheval d'une couleur particulière, le cheval gris, pouvait être rendu par l'acheteur s'il ruait et s'il frappait. — Pour les bêtes à cornes, il n'y avait pas plus d'uniformité. Pour elles, suivant la coutume du Berri, l'épilepsie; suivant la coutume d'Auvergne, la pommelière, seules, étaient vices rédhibitoires; ces deux maladies étaient mises au même rang en Orléanais, Normandie, Anjou. — Les coutumes de la Marche et de Bigorre considéraient comme vices rédhibitoires la pommelière et le pissement de sang; — les coutumes de Gascogne, la phthisie pul. monaire, l'épilepsie, le renversement de la matrice. — Les coutumes de Franche-Comté : la pommelière, l'épilepsie, l'étranguillon, le pissement de sang, toutes les maladies non visibles lors de la vente.

(1) Toutes les coutumes étaient unanimes pour exiger que l'action fût intentée dans un bref délai. Mais ce délai variait suivant les provinces. Le plus ordinaire était, affirme Loisel : « jusques après huit jours de la délivrance faite. » — Il en était ainsi en Champagne, Bourgogne, Nivernais, Bourbonnais, Lyonnais, Bresse, Auvergne, Périgord, Béarn; — le délai était de 40 jours suivant les coutumes de Cambrésis, de Lorraine, d'Armagnac, du Roussillon, du Comtat-Venaissin. Dans la coutume de Paris, l'action en résolution de la vente, dit Bourjon, loc. cit., doit être intentée dans les 9 jours à compter du jour de la vente; passé ce temps, il y a fin de non-recevoir, fondée sur une juste présomption que le vice a pu survenir depuis la vente; de même dans le Berri, la Marche, le Maine. — Enfin, certaines coutumes admettaient un délai différent, selon l'espèce d'animal

tableau, ni catalogue, le Code laisse aux juges une appréciation souveraine et le champ le plus vaste aux discussions. — Puis, dans l'art. 1648, il se borne à rappeler ce principe que l'action résultant des vices rédhibitoires doit être intentée par l'acquéreur dans un bref délai, et il ajoute : suivant la nature de ces vices et l'usage du lieu où la vente a été faite ; il laisse ainsi vivre dans chaque province chaque coutume, sauf au temps et à des habitudes nouvelles à y apporter des modifications.

Une telle législation ne pouvait être que provisoire : elle a été remaniée. En effet, une loi récente, la loi du 20 mai 1838, que nous analyserons, y a apporté d'utiles réformes.

Cette nouvelle obligation du vendeur, comme ces autres obligations de garantie que nous avons passées en revue, peut être étendue ou restreinte d'un commun accord par les contractants. — Libre à eux de convenir que le vendeur sera garant de ces imperfections qu'un acheteur quelque peu attentif ne saurait manquer d'apercevoir ; que le vendeur, au contraire, cède la chose aux risques et périls de l'acheteur.

atteint de ces vices. Ainsi, dans la coutume d'Artois, l'action pouvait être utilement intentée dans les 15 jours pour les chevaux, 8 jours pour les moutons, 40 jours pour les autres animaux. — Dans notre coutume de Bretagne, on lit, art. 282 : « et n'est tolérée la rédhibitoire qu'elle ne se puisse » intenter dedans quinze jours pour les chevaux et pour autres choses dans » six mois. » — Ailleurs, la distinction se faisait suivant la nature des maladies ; par exemple, en Bigorre, on avait 40 jours pour la morve et pour la courbature ; 30 jours pour la fluxion, 9 pour la morve et le pissement de sang ; 40 jours pour l'épilepsie ; 4 mois pour l'antie ; 4 mois pour la tourmis, maladie des moutons. — Dans la Franche-Comté, à l'égard du pissement de sang, il faut que la déclaration soit faite dans les 8 jours, tandis qu'on a 40 jours pour toutes les autres maladies.

L'acheteur a le choix entre l'action *quanti minoris* et l'action rédhibitoire.

S'il intente l'action *quanti minoris*, il obtient le remboursement de cette partie du prix qui semble représenter la moins-value résultant du défaut caché qui a donné lieu à la poursuite.

S'il demande résolution du contrat, l'effet de l'action rédhibitoire est de replacer les parties au même état où elles étaient avant la vente. L'acheteur rend la chose qui a fait l'objet du contrat avec ses accessoires; c'est une jument qui a fait un poulain : il rend la mère et le produit; le vendeur restitue la totalité du prix qu'il a reçu et les frais occasionnés par la vente : là se borne son obligation, s'il a été de bonne foi; il ne doit pas même, suivant nous, les intérêts de ce prix. On ne peut suppléer au silence de l'art. 1644. L'acheteur, d'ailleurs, a joui de la chose vendue depuis la vente, et dans ces conditions il ne suffit pas, pour imposer cette nouvelle prestation au vendeur, d'affirmer, sans même en donner de motifs, que le texte ne dérogeant pas expressément au principe du droit romain, il y a lieu de suppléer à son silence en s'en rapportant à l'édit des Ediles et à l'opinion d'Ulpien qui, dans notre hypothèse, pensait que la condamnation devait être prononcée *in pretium accessionesque*. Si le vendeur a été de mauvaise foi, il est en outre tenu de tous dommages et intérêts envers l'acheteur (1645). Alors, coupable d'un véritable dol, il doit indemniser l'acheteur de tout dommage qu'il a souffert. — Ainsi, je vous ai acheté un cheval morveux; je l'ai mis, sans défiance, dans une écurie où j'avais d'autres chevaux; il leur a communiqué la maladie contagieuse dont il était atteint : vous devez me tenir compte de la valeur de tous les chevaux que j'ai perdus, car la cause directe du préjudice que j'ai souffert, c'est le rapprochement effectué entre l'animal malade que vous m'avez livré et mes autres chevaux, parfaitement sains et bien portants avant ce rapprochement.

Art. 1647 : « Si la chose qui avait des vices a péri par suite de sa mauvaise qualité, la perte est pour le vendeur, qui sera tenu envers l'acheteur à la restitution du prix et aux autres dédommagements expliqués dans les deux articles précédents. »

Mais, si la chose vendue vient à périr peu de jours après la vente, doit-on présumer qu'elle a succombé à un mal dont elle avait déjà le germe lors de la vente et rendre responsable le vendeur? Le Châtelet de Paris admettait l'affirmative dans un cas pareil rapporté par Bourjon : « Dans la vente des bœufs, pour la provision de Paris, la » mort de l'animal dans les huit jours donne lieu à la » répétition du prix, et cette répétition du prix a lieu, » toute abstraction faite de la cause de la mort de l'animal. » L'avis contraire doit prévaloir aujourd'hui. L'acheteur, exerçant contre son vendeur un recours, est demandeur au procès; c'est à lui qu'incombe la preuve. Tant d'événements complétement étrangers au vendeur : changement de nourriture, de genre de vie, maladies subites, peuvent entraîner la mort d'un animal que, à moins que l'homme de l'art ne découvre des signes non équivoques d'une maladie antérieure et assez sérieuse pour être comprise dans les prévisions des art. 1641 et 1643, l'acheteur devra seul supporter cette perte.

L'art. 1647 ajoute : « La perte par cas fortuit sera à la charge de l'acheteur. » A plus forte raison en est-il ainsi, si la perte a lieu par sa faute. — Rappelons qu'en droit romain, bien que la chose pérît par cas fortuit, l'acheteur n'en avait pas moins le droit d'intenter l'action *redhibitoria* ou *quanti minoris*; cette action étant née à son profit du jour même de la vente, ne pouvait lui être plus tard enlevée (1). La chose périssait-elle par la faute de l'acheteur, il lui était même alors loisible d'intenter l'action, sous l'obligation de faire raison au vendeur de ce qu'aurait pu valoir la chose, si elle lui avait été rendue dans l'état où elle avait été livrée.

L'acheteur qui a le choix entre l'action rédhibitoire et l'action *quanti minoris* ne peut incontestablement avoir recours successivement à chacune d'elles. — S'il a succombé dans la première et qu'il veuille recourir à la seconde, il sera repoussé. L'art. 1644, en même temps qu'il lui concède une faculté, lui interdit bien, par voie de conséquence, le cumul.

II. — La loi du 20 mai 1838 a suppléé sur tous points au silence et aux imperfections du Code Napoléon. Dans son art. 1er, elle dresse une liste *limitative* des vices que l'on devra considérer comme rédhibitoires pour le cheval, l'âne ou le mulet, pour l'espèce bovine, pour l'espèce ovine (2). — Elle enlève à l'acheteur d'animaux le choix que l'art. 1644 lui accordait entre l'action *quanti minoris* et l'action rédhibitoire, pour lui maintenir cette dernière action seulement; c'est rendre les contestations moins nombreuses, réprimer le trafic de ceux qui, désireux de conserver l'animal qu'ils avaient acquis, abusaient de l'esprit de transaction de leur vendeur pour en obtenir une remise, sous la menace d'une coûteuse contestation. Enfin,

(1) Loi 47, § 1, D., de Ædilitio edicto.

(2) Cassation, 7 avril 1846; — 17 avril 1855. — D., 1846, 1-212; — 1855, 1-176.

cette loi fixe dans les termes les plus précis un délai uniforme pour toute la France, et trace pour l'exercice de l'action dont elle consacre le principe des formes simples, expéditives qui sauvegardent l'intérêt de tous :

ART. 1ᵉʳ. — *Sont réputés vices rédhibitoires et donneront* SEULS *ouverture à l'action résultant de l'article 1641 du Code civil dans les ventes ou échanges d'animaux domestiques ci-dessus dénommés,* SANS DISTINCTION DES LOCALITÉS OU LES VENTES ET ÉCHANGES AURONT EU LIEU, *les maladies ou défauts ci-après, savoir : — Pour le cheval, l'âne et le mulet : la fluxion périodique des yeux, l'épilepsie ou le mal caduc, la morve, le farcin, les maladies anciennes de poitrine ou vieilles courbatures, l'immobilité, la pousse, le cornage chronique, le tic sans usure des dents, les hernies inguinales intermittentes, la boitterie intermittente pour cause de vieux mal. — Pour l'espèce bovine : la phthisie pulmonaire, l'épilepsie ou mal caduc, les suites de la non-délivrance, le renversement du vagin ou de l'utérus après le part chez le vendeur. — Pour l'espèce ovine : la clavelée; cette maladie, reconnue chez un seul animal, entraînera la rédhibition de tout le troupeau, — la rédhibition n'aura lieu que si le troupeau porte la marque du vendeur; le sang de rate : cette maladie n'entraînera la rédhibition du troupeau qu'autant que, dans le délai de la garantie, la perte constatée s'élèvera au quinzième au moins des animaux achetés. Dans ce dernier cas, la rédhibition n'aura lieu également que si le troupeau porte la marque du vendeur.*

ART. 2. — *L'action en réduction de prix autorisée par l'art. 1644 du Code civil ne pourra être exercée* dans les ventes et échanges d'animaux énoncés dans l'art. 1ᵉʳ ci-dessus.

Art. 3. — Le délai pour intenter l'action rédhibitoire sera, non compris le jour fixé pour la livraison, de trente jours pour le cas de fluxion périodique des yeux et d'épilepsie ou mal caduc ; de neuf jours pour tous les autres cas.

Art. 4. — Si la livraison de l'animal a été effectuée ou s'il a été conduit dans les délais ci-dessus hors du lieu du domicile du vendeur, les délais seront augmentés d'un jour par cinq myriamètres de distance du domicile du vendeur au lieu où l'animal se trouve.

Art. 5. — Dans tous les cas, l'acheteur, à peine d'être non-recevable, sera tenu de provoquer, dans les délais de l'art. 3, la nomination d'experts chargés de dresser procès-verbal ; la requête sera présentée au juge de paix du canton où se trouve l'animal. Le juge nommera immédiatement, suivant l'exigence des cas, un ou trois experts qui devront opérer dans le plus bref délai.

Art. 6. — La demande sera dispensée de préliminaires de conciliation, et l'affaire instruite et jugée comme matière sommaire.

Art. 7. — Si, pendant la durée des délais fixés par l'art. 3, l'animal vient à périr, le vendeur ne sera pas tenu de la garantie, à moins que l'acheteur ne prouve que la perte de l'animal provient de l'une des maladies spécifiées dans l'art. 1ᵉʳ.

Art. 8. — Le vendeur sera dispensé de la garantie résultant de la morve et du farcin pour le cheval, l'âne et le mulet, et de la clavelée pour l'espèce ovine, s'il prouve que l'animal, depuis la livraison, a été mis en contact avec des animaux atteints de ces maladies.

Malgré la clarté de toutes ces dispositions, des difficultés ont cependant encore été soulevées. Où doit-on se placer pour calculer l'augmentation de délai de l'art. 4? Pour obéir aux prescriptions de la loi, suffit-il de faire constater dans les neuf ou les trente jours les vices dont on se plaint; est-il au contraire nécessaire que l'action même soit intentée dans cet espace de temps? Les délais de la nouvelle loi sont-ils pleins et francs?

1° L'art. 4 porte que les délais de l'art. 3 seront augmentés d'un jour par cinq myriamètres de distance *du domicile du vendeur au lieu où l'animal se trouve*. Bien que les termes de ce texte soient précis, on a prétendu que par ces mots : *lieu où l'animal se trouve*, le législateur avait voulu dire : le lieu où il avait été conduit tout d'abord après la vente (1).

2° Les poursuites mêmes doivent-elles forcément être commencées dans les délais de l'art. 3? Plus d'un procès a eu lieu sur cette question. Les uns prétendaient qu'il suffisait de nommer des experts ; les autres, qu'au moins la sommation faite au vendeur d'assister à une expertise provoquée en temps utile rendait impossible, même après neuf ou trente jours, l'admission d'une fin de non recevoir tirée de l'inobservation de notre art. 3? Trois arrêts de la Cour de cassation ont successivement décidé, et sans contredit avec raison, que les prescriptions des art. 3 et 5 doivent toutes deux être exécutées dans le même délai, sans que l'une puisse suppléer l'autre (2)?

3° Enfin, l'art. 3 dit bien que le jour de la livraison ne

(1) Jugement du tribunal de commerce de Bar-le-Duc, du 23 mai 1842, cassé le 13 janvier 1845. — D., 1845, 1-89.

(2) 5 mai 1846, 17 mai 1847, 15 mai 1854 ; — D., 1846, 1-209 ; — 1847, 1-185 ; — 1854, 1-241.

compte pas dans les délais qu'il accorde ; mais il ne dit pas si ces délais sont francs, de telle sorte que l'action soit utilement introduite le dixième ou le trente-et-unième jour, ou si elle doit être dénoncée avant leur expiration. Dans ces circonstances, la question doit être résolue d'après les principes généraux du droit posés en l'art. 1033 du Code de procédure : « Ni le jour de la signification, ni celui de l'échéance, ne sont jamais comptés pour le délai général fixé pour les ajournements, les citations, sommations et autres actes faits à personne ou à domicile; ce délai sera augmenté d'un jour à raison de 3 myriamètres de distance, etc.» C'est dans ce sens que s'est fixée la jurisprudence de la Cour de cassation (1).

Si la chose vendue n'a été livrée que plusieurs jours après la vente, je crois que les délais ne doivent commencer à courir que du jour de la livraison. Cela résulte d'ailleurs des termes mêmes de l'art. 3 : de ce moment seul, en effet, l'acheteur a pu découvrir les défauts cachés. C'était le régime admis par les anciennes coutumes, celle notamment du Bourbonnais : « Huit jours après la tradition ; » de Bar : « Quarante jours seulement après la tradition et délivrance. » — C'était l'usage de l'Orléanais et de la Normandie, etc.

III. — Mais cette loi de 1838 n'a trait qu'aux vices rédhibitoires chez les animaux domestiques, et nous avons déjà dit que la garantie pour défauts cachés pouvait naître aussi bien dans les ventes de meubles de toute espèce, d'immeubles même, que dans les ventes d'animaux. — Dans toutes les hypothèses non prévues par la loi que nous venons

(1) C. de cass., 15 janv. 1846 (D., 1849, 1-144).

d'analyser, les art. 1644 et suivants continuent d'être en vigueur. La loi romaine citait comme exemple de vice rédhibitoire des immeubles le cas où de mauvaises odeurs s'exhalent du fonds vendu : « *Veluti si pestilens fundus detractus sit* (1); — d'Argentré, celui où une maison était habituellement visitée par des revenants et des esprits (2). Un tel exemple pouvait être présenté à une époque où les hommes les plus intelligents et les plus éclairés n'étaient point exempts de superstitions, qui nous semblent, à nous, ridicules et insensées. — Mais de nos jours, quoique plus rarement sans doute, les tribunaux peuvent encore avoir à appliquer aux ventes d'immeubles l'art. 1644. Ainsi, un sieur Lainé s'était rendu acquéreur d'une maison qu'il avait l'intention de démolir, afin d'en construire une nouvelle sur son emplacement; dans cet emplacement se trouvaient engagées certaines parties de maisons contiguës : la Cour d'Alger déclara que l'ignorance où était l'acheteur de cet enchevêtrement l'autorisait à invoquer les dispositions de l'art. 1644, et son arrêt rendu le 16 mars 1849 a été confirmé par la Cour de cassation le 29 mars 1853 (3). De même, le 21 mars 1853, cette même Cour d'Alger a accueilli les prétentions d'un acquéreur réclamant résolution de la vente à lui consentie d'un immeuble qui, bien que paraissant offrir toutes conditions de solidité, était cependant si près de sa ruine que sa démolition dut bientôt être ordonnée par l'administration, et la Cour suprême a encore rejeté le pourvoi formé contre cette décision le 16 novembre 1853 (4).

(1) Loi 49, Ædilit. edicto.

(2) Art. 282. — Coutume de Bretagne.

(3) D., 1853, 1-65.

(4) D., 1853, 1-332.

Mais quelles sont les obligations du vendeur, si l'acheteur a réalisé sur le fonds des améliorations? — L'art. 1646, qui l'astreint seulement à la restitution du prix et lui permet même, de par son silence, de bénéficier des intérêts, l'autorise-t-elle aussi à tirer profit de la plus-value qui résulte de ces améliorations? — La Cour de cassation, dans l'arrêt précité du 29 mars 1852, a résolu la question en faveur de l'acheteur : « Attendu qu'aux termes de » l'art. 1646, Code Napoléon, dans le cas de garantie des » défauts de la chose vendue, l'acheteur a le choix de » rendre la chose et de se faire restituer le prix, ou de » garder la chose et de se faire rendre une partie du prix; » que, du droit accordé à l'acquéreur de rendre la chose, » dérive le droit de réclamer, conformément aux principes du droit commun, rappelés aux art. 555, 861, » 1634 et 2175 du Code, le montant des impenses qu'il a » faites sur l'immeuble, mais qu'il ne peut faire cette réclamation que jusqu'à concurrence de ce dont le fonds » a augmenté de valeur. Attendu que l'art. 1646, qui porte » que le vendeur, s'il ignorait les vices de la chose vendue, » n'est tenu qu'à la restitution du prix et à rembourser à » l'acquéreur les frais occasionnés par la vente, n'est applicable qu'au cas où, l'immeuble étant resté dans le » même état, le vendeur retrouve la chose même qu'il a » livrée sans augmentation ni diminution. » Ces principes sont conformes à l'équité et au droit. D'une part, en effet, c'est une application de ce brocard : « *Jure naturæ æquum est neminem cum alterius detrimento fieri locupletiorem.* » D'autre part, ici ne se trouve point reproduite la disposition de l'art. 1631, qui veut que, lorsqu'à l'époque de l'éviction la chose vendue se trouve diminuée de valeur ou considérablement détériorée, soit par la négligence de l'acheteur, soit par des accidents de force majeure, le vendeur n'en soit pas moins tenu de restituer la totalité du prix. L'acheteur qui a obtenu résolution de la vente pour défauts non apparents doit tenir compte au vendeur de la moins-value, si cette moins-value est due à sa faute ou à sa négligence. Le principe de réciprocité exige donc que, de même qu'il est responsable de cette moins-value, le vendeur lui fasse raison de la plus-value survenue depuis le contrat, par suite des soins qu'il a donnés ou des travaux qu'il a entrepris.

Bien des fois déjà nous avons vu que le vendeur peut, s'il a été de mauvaise foi, être condamné à des dommages et intérêts, pour le dommage direct résultant, pour l'acheteur, de l'inexécution du contrat de vente.

Si l'acheteur a consenti des hypothèques sur l'immeuble dans lequel il a découvert des vices cachés, il semble qu'il ne puisse plus intenter que l'action *quanti minoris*. Ces hypothèques, en effet, tiendront, malgré la résolution prononcée de la vente; il n'y a point lieu d'appliquer la maxime : « *Resoluto jure dantis, resol-* » *vitur jus accipientis.* » — « C'est chose étrange, dit » encore Loyseau, que la rédhibition, bien qu'elle ré- » solve et anéantisse le contrat dès son commencement...:..; » néanmoins, elle ne résout pas les hypothèques créées » par l'acheteur, parce qu'il dépend de sa volonté ou » de résoudre le contrat, ou d'agir à ce que la chose » vaut de moins à cause du vice (1.) » S'il en est ainsi, comment pourra-t-il obliger le vendeur à reprendre le fonds qu'il a vendu libre de droits réels, grevé de ces hypothèques? Le résultat de l'action, qui est de remettre les

______
(1) Déguerpissement, chap. 3, n° 7.

parties dans l'état où elles étaient avant la vente, ne peut plus être obtenu.

Le délai dans lequel les actions de l'art. 1644 doivent être intentées est indéterminé pour les ventes d'immeubles ou de meubles autres que les animaux domestiques; nous nous trouvons donc encore ici en présence des anciens usages. Les magistrats doivent les consulter, et ils ont plein pouvoir pour recevoir comme opportune ou rejeter comme tardive une action fondée sur les dispositions de cet art. 1644. — Mais, quel doit être le point de départ de ce bref délai? Cette question ne se présente point dans les ventes prévues par la loi de 1838; car, de ce que le législateur a eu soin de déclarer qu'il devait se calculer indépendamment du jour de la livraison, suit qu'il commence à courir du lendemain de ce jour. Elle reste, au contraire, entière dans les hypothèses que nous venons d'examiner; faut-il se rattacher au système admis par la Cour de cassation le 16 novembre 1843, système d'après lequel l'action court seulement du jour de la révélation des vices cachés? « Attendu que la règle générale en matière d'action en » nullité ou en rescision des conventions, telle qu'elle » résulte de l'art. 1304, Code Nap., est que cette action » dure dix ans, lorsqu'elle n'est pas limitée à un moindre » temps par une loi particulière et que le temps ne court, » dans le cas d'erreur, que du jour où elle a été découverte. » Attendu que le cas prévu par l'art. 1644 doit être assi- » milé à l'erreur où a été l'acquéreur de la chose vendue » par rapport aux vices cachés de cette chose (1). » La doctrine est contraire à cette jurisprudence, et nous donnons, pour notre part, raison à la doctrine, plus conforme

(1) D., 1853, 1-322.

au bons sens et à l'intention présumée du législateur. Les remarques de M. Duvergier, au n° 455 de son traité de la vente, ne sont-elles donc pas justes? « Faire partir le délai du jour où le vice a été reconnu, c'est donner à l'acheteur le moyen de prolonger indéfiniment la durée de l'action; c'est laisser dans l'arbitraire ce que le législateur a voulu soumettre à une règle uniforme et certaine (1). »

Les vices cachés ne peuvent se découvrir, par leur nature même, au moment de la livraison; le vendeur serait mal venu à soutenir que, dès lors que commerçant il a vendu et livré la marchandise vendue à un autre commerçant, celui-ci est déchu de tout recours contre lui à dater de la réception de la marchandise (2).

Art. 149 : « La garantie pour vices rédhibitoires n'a pas lieu dans les ventes faites par autorité de justice. »

CHAPITRE VII.

De la Garantie en matière de Vente de Créances ou d'Hérédité.

I. — *Le vendeur de créances garantit l'existence de la créance vendue* (1693, Code Nap.).

II. — *L'art. 1693 est applicable en matière commer-*

(1) En ce sens : Troplong, Vente, t. 2, n° 587. — Zachariæ, t. 2, p. 531.

(2) En ce sens : Cour de Rennes, 12 juillet 1858 et 31 mars 1860; Bulletin de la Cour impériale de Rennes, année 1860, p. 133 et 263.

*ciale ; — il est toutefois une hypothèse particulière
à laquelle il ne saurait s'étendre.*

III. — *Dérogations possibles à l'art. 1693.*

IV. — *Le vendeur d'hérédité est seulement garant de
sa qualité d'héritier (1696).*

I. — Nous voyons l'obligation de garantie, imposée au
vendeur de biens mobiliers ou immobiliers par l'art. 1626,
reproduite par l'art. 1693 dans les ventes de créances. —
Une importante différence existe, quant à l'étendue, entre
ces deux obligations. — Le vendeur auquel se réfère l'article 1626 doit assurer à l'acheteur la jouissance paisible
de tous les avantages qui résultent d'un contrat de vente
pour un acquéreur : la possession réelle, utile de la chose
vendue, la stabilité de son droit de propriété. Le vendeur
de créances est responsable seulement de l'existence du
droit qu'il cède au moment de la cession, sans en garantir
en rien l'efficacité. — Je vous vends la créance dont je
suis porteur contre un tiers; sans doute, si mon allégation
a été mensongère, si j'ai prétendu à un droit qui ne m'appartenait pas, vous pourrez recourir contre moi et je vous
devrai la restitution du prix, les frais et loyaux coûts du
contrat, les dépens de l'instance s'il y a eu débat judiciaire;
mais si, au contraire, le droit existe, que mon débiteur soit
ou ne soit pas solvable, qu'il vous paie ou qu'il ne vous
paie pas, peu importe : à vous incombent tous les risques,
toutes les éventualités.

De même, le cédant est garant de l'existence des droits
réels qu'il a déclaré attachés à la créance cédée. A-t-il affirmé qu'un privilége, une hypothèque, un cautionnement
devaient assurer au cessionnaire un recouvrement certain,
si l'un de ces droits fait défaut, celui-ci pourra sans con-

teste réclamer garantie; mais si ces droits, existant en réalité, ne sont, à vrai dire, d'aucune importance, soit parce que l'hypothèque n'est point inscrite en ordre utile, soit parce que la caution est insolvable, ce sont là autant de faits dont les conséquences sont à la charge du cessionnaire et du cessionnaire seul.

Enfin, si le cédant qui s'est présenté comme porteur d'une créance de 1,000 fr. n'est en réalité créancier que de 500 fr., il y a lieu d'appliquer par analogie les dispositions des art. 1636 et 1637; l'acheteur ne pourra demander la résolution que si la partie manquante est de telle importance que, sans elle, il n'aurait point acheté, sinon le contrat est maintenu et il a droit à restitution proportionnelle du prix.

II. — L'art. 1693 est applicable en matière commerciale comme en matière civile. Le Code Napoléon est le droit loi de la France, et c'est dans cette pensée qu'un avis du Conseil d'Etat du 13 décembre 1811, approuvé le 22, a déclaré « que les tribunaux de commerce doivent juger » les questions particulières qui se présentent suivant » leurs convictions, d'après les termes et l'esprit du Code, » et, en cas de silence de sa part, d'après le *droit commun* » et les usages du commerce. » — Mais souvent il arrive notamment qu'une maison de commerce cède à une seconde le marché à livrer qu'elle a passé avec une autre maison de commerce plus importante. Quelle est la nature de cette convention? Le tribunal de commerce de Marseille, le 1er février 1855, et la Cour d'Aix, le 3 août de cette même année 1855, ont soutenu qu'une semblable opération était une véritable cession de créance; que la maison cessionnaire était au lieu et place de la maison cédant vis-à-vis du vendeur primitif; que, par suite, si ce dernier n'accomplissait point ses obligations, le cessionnaire n'avait aucun recours contre le cédant, pourvu qu'il fût bien établi que le traité, objet de la stipulation, avait été réellement passé. Dans le pourvoi formé contre l'arrêt de la Cour d'Aix, on a prétendu qu'un tel contrat était, non une cession de créance, mais un contrat innommé. Ici, disait-on, il y a non plus une obligation unilatérale qui oblige l'un à fournir et l'autre à recevoir. Céder à un tiers ses droits à la livraison, c'est en même temps lui imposer ses obligations. Cette convention est donc une convention toute spéciale. — Je regarde cette théorie comme parfaitement fondée : des considérations personnelles ont pu amener entre les contractants primitifs la conclusion du marché; ce sont deux négociants en relations d'affaires; les opérations nées du traité figureront à leur compte-courant et se régleront par balance; il est donc bien différent pour le vendeur de vendre à tel acheteur plutôt qu'à tel autre; et l'acheteur, s'il veut vendre à son tour ce qu'il a acquis, ne saurait céder l'opération même, sans le consentement du vendeur. Seul, il ne peut aliéner que ses droits à cette opération; alors un rapport s'établit directement entre son acquéreur et lui, sans porter en rien atteinte à cet autre rapport existant entre lui et son propre vendeur. Le cas échéant, une action peut être intentée par le cessionnaire contre le cédant, sauf à celui-ci à agir en garantie contre la maison qui est tenue envers lui. — La Cour de cassation, néanmoins, rejetant cette argumentation, a adopté en tous points le système de la Cour d'Aix, le 6 mai 1857 (1).

(1) D., 1857, 1-289.

III. — Cette garantie restreinte de l'art. 1693, édictée par la loi, est appelée garantie de droit; elle oblige toujours et quand même le cédant, qui ne saurait s'en dégager, même par une stipulation ordinaire de non garantie. Elle n'a point lieu, toutefois, pour chaque créance, dans le cas où l'objet de la cession est, non une créance particulière, mais une masse de créances. Le contrat prend alors le caractère d'un contrat aléatoire; ce que l'on a acquis, c'est l'espérance de toucher toutes les sommes dues, et le défaut de droit à réclamer quelques-unes d'entre elles ne saurait entraîner aucun recours contre le vendeur(1).

A côté de cette garantie de droit est la garantie de fait, stipulée par les parties contractantes qui, ici comme partout, peuvent, d'un commun accord, étendre les dispositions législatives; stipuler, par exemple, que le cédant répond de la solvabilité du débiteur; une telle clause, à moins d'accord contraire, s'entend seulement de la solvabilité actuelle (1695), et le vendeur n'est tenu que jusqu'à concurrence de ce qu'il a reçu (1694); stipuler même qu'il s'engage à payer, si le débiteur devient insolvable. Une telle clause cesse de valoir dans ce second cas, si le cessionnaire a, par sa faute ou par sa négligence, perdu ou laissé s'éteindre des sûretés qui, si elles avaient encore existé, pouvaient faire obtenir au cédant un paiement intégral. C'est, du reste, ce qui était décidé dans l'ancien droit : « Tant il y a que le cédant a promis payer soi-même la rente, à défaut du débiteur d'icelle, ne peut plus être attaqué par le cessionnaire qui a laissé décréter ou prescrire les hypothèques de la rente » (2).

(1) V. Cour de Lyon, 30 novembre 1849. — D., 1852, 2-12.
(2) Loyseau, Garantie des rentes, ch. II, n° 18.

IV. — De la garantie de l'art. 1693, nous devons rapprocher la garantie de l'art. 1696, en matière de vente d'hérédité. Analogie complète entre ces deux articles : l'art. 1693 n'oblige le vendeur de créances qu'à garantir l'existence de sa créance; aux termes de l'art. 1696, le vendeur d'une hérédité n'est garant que de sa qualité d'héritier. La vente de l'hérédité est, en effet, non la vente d'objets corporels, mais la vente d'un objet incorporel, d'un *nomen juris;* par cette vente, le vendeur transmet à l'acquéreur tout à la fois ses droits et ses obligations : droit de recueillir l'actif, obligation d'acquitter le passif.— Si le vendeur, dans le contrat, avait déclaré que l'hérédité dont il s'agit était composée de tels ou tels biens, alors l'intention des parties eût été bien moins de traiter sur le titre même d'héritier que sur la vente des biens singuliers dont elles donnaient l'énumération. — Enfin, il se peut qu'on cède ses prétentions plus ou moins fondées à une succession ouverte, alors aucune garantie n'est due.

Si le vendeur n'est point héritier lorsqu'il en a cependant vendu le titre, la vente est résolue. — Dans ce cas, l'ancien droit distinguait, suivant que la succession, objet du contrat, était ou n'était pas ouverte. — Dans le premier cas, le vendeur devait à l'acquéreur le prix du transport; dans le second, la valeur même de l'hérédité. M. Troplong admet cette doctrine (n° 512); elle n'est cependant plus admissible aujourd'hui; la vente de cette hérédité appartenant à autrui est nulle et ne peut dès lors produire d'autres effets que de donner naissance à une action en restitution du prix, et, s'il y a lieu, à des dommages et intérêts.

De la Garantie en matière de Partage.

CHAPITRE PREMIER.

I. — *Les copartageants sont garants les uns vis-à-vis des autres de tous troubles et évictions procédant d'une cause antérieure au partage.*

II. — *L'obligation de garantie s'applique à tous partages soit à l'amiable, soit judiciaires.*

III. — *L'obligation de garantie peut être modifiée au gré des parties.*

I. — Sous la France féodale, le père de famille, maître absolu de son patrimoine, pouvait, à son gré, dispenser ses faveurs. Les coutumes mêmes, pour la plupart, attribuaient à l'aîné de la famille la presque totalité de la fortune de son père, réservant aux puînés à peine une faible légitime. Les idées libérales nées de la révolution de 1789 ne pouvaient tolérer un semblable état de choses. Partant du principe d'égalité qui doit désormais nous régir, les rédacteurs du Code ont donné à tous les enfants une part égale dans la succession paternelle, ou au moins dans cette partie indisponible qui leur est, en tous cas, réservée par les art. 913 et suivants. Mais poser la règle était peu ; il fallait en assurer l'exécution : de là l'obligation de garantie des lots dont nous allons nous occuper.

Les copartageants sont, aux termes de l'art. 884 du Code Napoléon, garants de tous troubles et évictions dont la cause est antérieure au partage, ajoutons « pourvu que » cette éviction ne procède pas de la nature même de la » chose donnée par le partage pour être de cette na- » ture (1). » — Comme exemple, nous pourrions citer : une rente viagère, un droit d'emphithéose, d'usufruit.

Nous n'avons point à revenir ici sur ce que l'on entend par ces mots troubles, évictions; cela a été suffisamment établi dans notre première partie, et les mêmes faits qui font naître au profit de l'acheteur l'action de l'art. 1626 assurent au copartageant un utile recours.

Il y a lieu à garantie : « toutes les fois que quelqu'un » des cohéritiers est obligé de délaisser quelqu'une des » choses comprises dans le lot qui lui est échu ou est em- » pêché de jouir de quelqu'un des droits compris audit » lot (2). » Ou encore : « toutes les fois que les choses » échues en mon lot ne sont pas telles qu'elles ont été » déclarées par le partage, et que j'ai intérêt qu'elles » soient, quand même je ne souffrirais pas d'éviction , » comme si l'héritage qui est échu en mon lot est d'une » contenance moindre que celle qui est déclarée par le » partage (3). »

La seule crainte de l'éviction ne pouvait, dans l'ancien droit, donner naissance à l'action en garantie (4). — Une

(1) Pothier, des Successions, ch. 4, art. 5, § 3.

(2) Pothier, Introduction à la coutume d'Orléans, tit. 17, n° 98.

(3) Pothier, Traité des successions, ch. 4, art. 5, § 3. — Les cohéritiers sont garants de la contenance, lorsqu'elle a été prise en considération pour fixer la valeur de l'immeuble.

(4) Pothier, de la Vente, n° 637.

autre décision doit aujourd'hui prévaloir. Le cohéritier doit recevoir la propriété de tous les objets qui lui sont échus. — S'il découvre que l'un d'eux appartient à autrui, on ne peut l'obliger à le posséder de mauvaise foi et il est bien fondé à provoquer lui-même la restitution et à réclamer à ses cohéritiers quelqu'autre bien en juste compensation.

De l'art. 886 résulte que, s'il se trouve dans la succession des créances, des rentes viagères, les copartageants sont responsables de la solvabilité des débiteurs qui les ont souscrites au moment du partage.

Après le partage, chaque héritier reçoit à sa charge le risque du lot qui lui a été dévolu. Les biens qui le composent faisaient partie de la succession à laquelle il a été appelé; dès lors, si un événement postérieur au partage lui fait subir une perte sérieuse, il ne peut en rendre responsables ses copartageants; le partage a en effet divisé les intérêts, et c'est à chacun à défendre les siens. C'est cette vérité que fait admirablement ressortir Pothier : « Cette pièce de terre (ou toute autre chose ou valeur com- » prise dans mon lot), dont j'ai souffert l'éviction pour » une cause survenue depuis le partage, m'était, lors du » partage, aussi avantageuse que les effets échus dans le » le lot de mes cohéritiers qui n'ont souffert aucune évic- » tion et, par conséquent, le partage ne contient aucune » inégalité pour laquelle il puisse m'être dû aucune ré- » compense; mais l'héritage qui, dès ce temps du partage, » était hypothéqué à un créancier et, par conséquent, » sujet à l'éviction était, dès ce temps, un effet qui ne » m'était pas si bon que les effets échus dans les lots de » mes cohéritiers qui n'étaient sujets à aucune éviction; » dès ce temps, mon lot n'était pas si bon que les leurs;

» il y avait, dès ce temps, inégalité qui donne lieu à la
» garantie pour que j'en sois récompensé (1). »

La garantie cesse si c'est par sa faute que le copartageant
a souffert l'éviction. Ainsi, ayant reçu une créance hypothécaire, il a omis de faire renouveler l'inscription et est
par suite demeuré simple créancier chirographaire d'un
débiteur insolvable.

Ici se présente encore cette question de prescription que
nous avons examinée précédemment : *quid* si un tiers,
possédant un bien de la succession avant le partage, continue à le posséder, après le partage consommé, le temps
nécessaire pour en prescrire la propriété? Il y a lieu de
faire la même distinction qu'en matière de vente ; de rechercher qui est réellement en faute du défunt ou de l'héritier. C'était la théorie de l'ancien droit. Ainsi, Lebrun
disait : « Pour moi, j'estime qu'il est déjà certain que si,
» lorsque le partage a été fait, il ne manquait que très-
» peu de temps pour la prescription, l'on ne peut pas im-
» puter à l'héritier de n'avoir pas pris possession dans le
» temps qui restait, èt c'est l'application de cette loi *si fun-*
» *dum*, de *fundo dotali*, où il est dit : *plane si paucissimi*
» *dies ad perficiendam longi temporis possessionem su-*
» *perfuerint, nihil erit quod imputetur marito*; qu'au
» contraire, si la possession était commencée de quelques
» jours seulement sous le défunt, l'héritier sous qui elle
» s'achève ne peut pas imputer ce commencement de
» prescription qu'il lui était aisé de faire cesser, ayant
» eu longtemps pour prendre possession de la chose... Je
» voudrais régler un certain temps, comme celui d'un an,
» où l'héritier étant obligé de prendre possession des choses

____

(1) Des Successions, ch. IV, § 3.

» qui font partie de son lot, il se devrait imputer si, ayant
» négligé de le faire dans ce même temps, la prescription
» commencée contre le défunt se serait achevée contre lui
» et, en ces cas, il n'aurait aucun recours de garantie
» contre ses cohéritiers (1). » Lebrun admettait le délai
d'une année, parce que plusieurs coutumes déclaraient
que l'héritier avait ce délai pour se mettre en possession
des objets héréditaires (2). Aujourd'hui, le délai doit être
laissé complétement à l'arbitrage du juge ; c'est une question toute de fait et d'appréciation.

II. — La garantie de l'art. 884 a lieu dans tous les partages, qu'ils soient faits à l'amiable ou en justice ; entre
majeurs ou entre mineurs ; elle se produit même dans les
partages d'ascendants.

L'action en garantie de l'art. 884 n'est pas plus que
l'action en garantie de l'art. 1626 attachée à la personne
du débiteur. C'est une action relative aux biens ; elle tend
à une réparation pécuniaire. Aussi passe-t-elle du copartageant lui-même à ses représentants ou ayant-cause, à
ses cessionnaires, s'il aliéne quelques-uns des biens
recueillis dans l'hérédité. — Ses créanciers peuvent l'invoquer eux-mêmes, en vertu des dispositions de l'art. 1166
du Code Napoléon.

Le copartageant peut réclamer garantie non seulement
à son copartageant, mais aussi à ses cessionnaires à
titre universel, aux acquéreurs d'une quote-part de droits
successifs.

(1) Traité des successions, liv. 4, ch. 1, n° 74.

(2) Et notamment : art. 272 de la coutume d'Anjou, 289 de la coutume
du Maine.

III. — Les parties peuvent restreindre la garantie de droit de l'art. 884. C'est l'art. 884 lui-même qui le déclare dans sa seconde partie : « La garantie n'a pas lieu si l'espèce d'éviction soufferte a été acceptée par une clause expresse et particulière de l'acte de partage. » Ainsi, il est permis aux copartageants de s'affranchir réciproquement de tout recours; mais pour qu'une clause, en ce sens, soit valable, deux conditions sont nécessaires. Il faut : 1° que l'éviction soit précisée d'une façon certaine et explicite; que l'on indique quelle est l'instance dont on redoute les suites, pour quelle portion d'héritage. Une clause générale de non garantie ne produirait aucun résultat; la loi a considéré, sans doute, que cette clause pourrait cacher des surprises et ne point être stipulée par tous en parfaite connaissance de cause. — Il faut : 2° que la volonté des parties, sur ce point, soit certaine et évidente; il n'est point permis de la déduire des agissements des contractants, de la composition des lots; on ne saurait être davantage admis à prouver que l'intention commune des contractants a été de déroger à la première partie de l'art. 884; que notamment celui qui subit aujourd'hui une éviction a été dédommagé par avance, en recevant tel ou tel objet à un prix moindre que sa valeur.

Nous devons en conclure que la connaissance, avant le partage, du danger d'éviction ne suffit pas pour enlever à un copartageant la garantie que la loi lui accorde. Notre ancien droit admettait une autre solution : « J'estime, disait » Lebrun, que si un des héritiers a pris des biens qu'il a » dû prévoir lui pouvoir être évincés en ce cas, quoique, » dans le partage, on n'ait point eu d'égard à cette éviction » qui pouvait arriver, n'y a point lieu à la garantie, suivant

» la loi : *Si fundum sciens ff. 27, de Evictionibus* (1). » Et d'Argentré : « *Caverat hac de re vetus jurisprudentia...* » *ad quem finem dant actiones præscriptis verbis, nisi* » *scienter unus cohæredum rem alienam in pactionem* » *suam accipiat, aut restitutioni subjectam* (2). » Le texte de l'art. 884 ne permet pas maintenant de douter que les rédacteurs du Code ont adopté un système différent.

Les parties peuvent aussi s'obliger réciproquement à une garantie plus sérieuse et plus étendue; convenir, par exemple, qu'ils tiendront compte même des pertes par cas fortuit ou par force majeure.

CHAPITRE II.

Des Effets et de l'Étendue de l'Obligation de Garantie.

I. — *L'éviction donne au copartageant évincé droit à une réparation pécuniaire.* — Quantum *de cette indemnité.* — *Examen et réfutation des trois systèmes généralement enseignés.* — *Distinction proposée.*

(1) Des Successions, n° 75.

(2) Sur l'art. 149 de la coutume de Bretagne, article qui portait : « Entre
» cohéritiers a garentage des choses qui sont tombées en partage et si aucun
» des cohéritiers est évincé de son partage ou de partie d'iceluy sans sa
» coulpe ou son faict, ses cohéritiers sont tenus de le récompenser et
» desdommager chacun pour sa part et portion. »

II. — L'indemnité doit être supportée par chacun des cohéritiers. — Si l'un des cohéritiers se trouve insolvable, la portion dont il est tenu doit être également répartie entre le garanti et les cohéritiers solvables. — L'héritier bénéficiaire est tenu de l'obligation de garantie même sur ses biens personnels.

I. — La garantie due à l'héritier évincé ou troublé dans la possession d'objets héréditaires ne l'autorise point à réclamer un nouveau partage. Ce serait remettre en question les droits de chacun; porter atteinte à des espérances acquises. Tel aurait fait des constructions utiles qui deviendrait de ce chef créancier de la succession; tel autre, qui aurait abusé d'un bien dont il se croyait définitivement propriétaire, se trouverait constitué débiteur envers elle. Pour éviter les inconvénients de ce second allotissement, les comptes et précomptes qu'il entraînerait avec lui, la loi déclare que l'obligation de garantie n'oblige les cohéritiers, le cas échéant, qu'à rétablir par une indemnité pécuniaire l'égalité des lots. Cela résulte évidemment des termes de l'art. 885 de notre Code.

Que peut réclamer l'héritier évincé? Trois systèmes différents sont en présence : le premier veut que l'on tienne compte au copartageant évincé de la valeur de l'objet indûment mis dans son lot au moment du partage (1). Le second pense que si la valeur respective des lots a varié depuis le partage, il y a lieu de réunir fictivement les biens héréditaires, de procéder à une nouvelle estimation et d'accorder au demandeur la somme nécessaire pour parfaire sa part d'après cette nouvelle estimation; si la va-

____

(1) Marcadé, art. 885; Vazeille, art. 885, 3.

leur respective des différents biens est restée la même, on calcule l'indemnité d'après l'importance des biens lors du partage (1). — Enfin, le troisième système enseigne que l'indemnité doit être calculée d'après la valeur des biens au moment de l'éviction (2).

Parmi ces trois systèmes, il en est un que nous devons tout d'abord écarter : c'est le second. Sans doute, l'opération qu'il propose est le moyen le plus certain d'arriver à une égalité parfaite ; mais, que de difficultés pour faire cette opération même ! Estimer de nouveau la succession tout entière, tenir compte de la différence de valeur survenue dans chaque objet, c'est faire naître contestations sur contestations ; si le législateur avait voulu un tel mode de réglement, il eût sans doute évidemment ordonné la révision du partage.

La première opinion s'appuie avant tout sur l'autorité de Pothier qui, disant dans son Traité des successions : « L'obligation de garantie consiste en ce que chacun des » cohéritiers est obligé, pour la portion dont il est héritier, » d'indemniser son cohéritier *de la perte que lui a* » *causée l'éviction*, » affirme au numéro 633 de son Traité du contrat de vente que : « lorsqu'un cohéritier a souffert » éviction d'une chose donnée en son lot, ses coparta- » geants sont seulement tenus de lui faire raison *de la* » *somme pour laquelle cette chose lui a été donnée.* » Cette opinion, il faut le reconnaître, pose un principe

---

(1) Delvincourt, t. 11, p. 49; Massé, et Verger sur Zachariæ, t. 2, p. 376, 377.

(2) Toullier, t. IV, nº 564; Rolland de Villargue, Partage, nº 37 ; Duranton, t. VII, nº 546; Aubry et Rau, sur Zachariæ, t. VI, p. 274; Dalloz, vº Succession, nº 2169.

d'une simplicité extrême dans l'application ; une base toujours uniforme règle l'indemnité due au copartageant évincé : c'est là un avantage considérable. Mais, d'un autre côté, est-ce que cet héritier qui a joui de la chose comme sienne est suffisamment dédommagé, parce qu'on lui compte une somme égale à celle que représentait lors du partage l'immeuble, je suppose, dont il a été dépouillé? Je ne le puis croire. Le sens grammatical du texte de l'art. 885 s'oppose d'ailleurs à une telle interprétation et il me semble que, si les rédacteurs du Code avaient voulu reproduire ici l'avis de Pothier, sans laisser place à l'équivoque, ils auraient accordé au copartageant *la somme pour laquelle cette chose lui a été donnée en partage.* Je crois que leur intention a été de déclarer que le copartageant demeurerait en tout cas indemne, et l'on ne peut le plus souvent obtenir ce résultat par la méthode que nous combattons. Enfin, l'opinion de Pothier sur la matière était-elle bien celle qui résulte du n° 633 du contrat de vente? Il est permis d'en douter. Il ne la rappelle point, en effet, dans son Traité des successions et la seule phrase qui y ait trait à l'étendue de la garantie, si on ne cherchait à la concilier avec ce qui est dit au titre de la vente, aurait un sens bien différent de celui qu'on lui prête.

Le troisième système, outre un grand nombre d'auteurs les plus recommandables, compte parmi ses partisans M. Demolombe. Le cohéritier doit, aux termes de l'article 885, être indemnisé de la perte que lui cause l'éviction, ce sont les termes mêmes de l'article; comment donc calculer cette perte, si ce n'est d'après la valeur de la chose au moment de l'éviction? mais une grave objection s'élève contre cette doctrine : il peut arriver que l'immeuble revendiqué ait, à raison de sa nature particulière

ou d'une situation exceptionnelle, acquis un accroissement de valeur considérable; si les copartageants sont tenus de prendre cette valeur en considération lors du réglement, ce sera pour eux la charge la plus lourde, quelquefois la ruine la plus complète, le législateur n'a pu vouloir d'une telle conséquence; le partage est un acte de famille. Que répond à cela M. Demolombe? « Et maintenant, si ce cas
» particulier se présentait, en effet, nous croyons nous-
» même qu'il faudrait poser une limite à cette envahis-
» sante et désastreuse conséquence de l'action en garantie;
» et cette limite se trouverait, suivant nous, dans le droit
» pour le cohéritier garant, de demander reconvention-
» nellement la rescision du partage, s'il arrivait que, par
» l'effet de l'obligation de garantie, il se trouvât lésé de
» plus du quart d'après les termes de l'art. 887. Il est vrai
» que, pour que la lésion soit une cause de rescision, il
» faut qu'elle résulte du partage lui-même, et non pas
» d'une cause postérieure au partage (890); mais pré-
» cisément, la cause de la lésion qu'éprouverait en cas
» pareil l'héritier garant, remonterait au jour même du par-
» tage : car c'est de ce jour là et dans l'acte même de par-
» tage que l'obligation de garantie a pris naissance; cette
» obligation est donc contemporaine et concomittante du
» partage lui-même; c'est donc finalement par le résultat
» que le cohéritier se trouverait lésé (1). »

Qu'il nous soit permis de le dire : la faiblesse de l'argumentation prouve toute la gravité de l'objection même. Comment? L'action en garantie qui existe au profit de l'un des cohéritiers va donner au cohéritier garant le droit d'intenter une action en rescision. Quelle complication

(1) V. Traité des successions, tome 5, n° 363, p. 447.

sans fin qui a pour conséquence de conduire à cette rescision même que la loi a repoussée dans l'art. 885 pour notre hypothèse, contre laquelle M. Demolombe lui-même s'élève (1) et qui renaît avec toutes ses difficultés.

D'ailleurs, la lésion serait le résultat, non de l'obligation de garantie seule, mais aussi et surtout de la plus-value considérable de l'immeuble enlevé au copartageant évincé. Si l'éviction avait eu lieu peu de temps après le partage, la somme due, d'après le système du savant doyen de la Faculté de Caen, par le cohéritier garant n'aurait point été assez importante pour donner lieu à l'application de l'article 887. Il s'ensuit donc que c'est un fait postérieur au partage qui, augmentant l'étendue de l'obligation de garantie, a été la cause principale de la lésion ; d'où cet art. 887 ne peut effacer l'inconvénient auquel on le propose comme remède.

Enfin, si cette demande en rescision, et M. Demolombe le reconnaît, est le seul remède aux conséquences de son système, est-ce qu'on pourra toujours les éviter? Non. En effet, l'action en garantie, nous le verrons, peut s'exercer pendant trente ans ; l'action en rescision, M. Demolombe le proclame encore (2), est prescrite lorsque dix années se sont écoulées depuis le partage consommé ; le copartageant demeurera donc sans secours, si l'éviction se produit, par exemple, la onzième année après le partage, et il lui faudra subir le sort intolérable que lui crée cette doctrine. — Cet état de choses n'est pas possible ; aussi rejetons-nous ce troisième système, comme nous avons rejeté les deux précédents.

---

(1) V. Loc. cit., n° 363, p. 445.

(2) Loc. cit., n°s 476, 477.

Que décider alors? — Nous proposerons de suivre un système intermédiaire que nous allons analyser et qui, s'appuyant lui aussi sur les termes de la loi, nous a été suggéré par la lecture même du texte et nous semble arriver à un résultat toujours juste et équitable.

Ce que doit recevoir le cohéritier évincé, c'est, ne le perdons pas de vue, l'équivalent de *la perte* que lui a causée l'éviction ; la loi entend évidemment par ces mots la perte réelle qu'il a subie. Si donc l'immeuble mis dans son lot pour 100,000 fr. n'en vaut plus que 50 au moment de l'éviction, ce n'est que 50,000 fr. qui lui sont dus, et nous sommes ici parfaitement d'accord avec M. Demolombe. Mais est-ce à dire que si cet immeuble vaut aujourd'hui 200 ou 300,000 fr., c'est 200 ou 300,000 fr. que les cohéritiers devront lui compter? Pas le moins du monde ; car si, dans le langage usuel, on peut dire que 300,000 fr. sortant de son patrimoine par suite de l'éviction, c'est bien à ce chiffre que monte la perte dont il peut et doit obtenir réparation, il n'en est pas moins vrai que le dommage qu'il souffre dans le sens strict et vrai du mot est loin d'avoir cette importance. Il perd, en réalité, la valeur attribuée à cet immeuble lors du partage et les sommes qu'il a employées à l'améliorer ou à l'embellir ; quant à cette valeur inattendue que l'immeuble a prise indépendamment de ses travaux, il perd, si je puis dire, à la gagner. Il y a là un bénéfice qu'il a espéré et qu'il ne réalise pas ; or, les cohéritiers garants doivent compte à leur cohéritier, non point de la perte qu'il fait et du gain dont il a été privé, mais seulement de la perte qu'il a faite. Je dis donc : Distinction, suivant que l'objet dont s'agit a diminué ou augmenté de valeur du jour du partage au jour de l'éviction. A-t-il diminué, le cohéritier évincé pourra seulement réclamer sa valeur au jour de l'éviction. A-t-il augmenté, il aura droit : 1° au prix pour lequel il lui a été attribué lors du partage ; 2° au remboursement de toutes les dépenses qu'il a faites et dont il ne lui est point tenu compte par le revendiquant qui a triomphé dans l'instance. Ainsi, il a fait des impenses utiles; mais la plus-value ne représentant pas l'intégralité de ses déboursés, le propriétaire lui paie seulement l'importance de cette plus-value, il réclamera à son cohéritier la différence. Il a fait des dépenses voluptuaires, il enlèvera ce qu'il pourra enlever et aura encore droit à indemnité pour le surplus. Le copartageant, en un mot, ne doit pas souffrir de ce qu'il a reçu ce qui n'appartenait pas au défunt; il doit demeurer complétement indemne, mais voilà tout.

II. — Art. 885 : « Chacun des cohéritiers est personnellement obligé, en proportion de sa part héréditaire, d'indemniser son cohéritier de la perte que lui a causée l'éviction. — Si l'un des cohéritiers se trouve insolvable, la portion dont il est tenu doit être, également répartie entre le garanti et tous les cohéritiers solvables. » — La dette contractée par les cohéritiers garants vis-à-vis de leur cohéritier évincé est une dette de succession; elle doit donc être supportée par tous également. C'est toutefois une dette d'un caractère particulier : d'héritiers à héritiers. De là la question de savoir si l'héritier bénéficiaire en est tenu sur ses biens personnels.

M. Demolombe enseigne la négative : il y a, en effet, » tout d'abord, contre cette doctrine, un texte sans lequel » nous convenons que la question nous aurait paru beau- » coup plus douteuse, mais qui la tranche, suivant nous, » d'une façon décisive; nous voulons parler de l'art. 875,

» qui, dans sa disposition finale, autorise l'héritier béné-
» ficiaire à agir, par l'effet de la subrogation, comme tout
» autre créancier, hypothécairement pour le tout, contre
» l'un de ses cohéritiers. — Or, pourquoi l'héritier pur et
» simple ne peut-il, au contraire, agir contre ses cohé-
» ritiers que pour la part que chacun d'eux doit person-
» nellement supporter dans la dette qu'il a payée avec su-
» brogation? C'est précisément parce qu'il leur doit garantie
» et par application de la maxime : *Quem de evictione*
» *tenet actio, eumdem agentem repellit exceptio*. Donc
» si l'héritier bénéficiaire peut agir hypothécairement pour
» le tout contre un seul de ses cohéritiers, s'il peut lui
» causer aussi une éviction, c'est évidemment que, d'après
» la loi, il n'est pas tenu de l'obligation de garantie sur ses
» biens personnels envers ses cohéritiers (1). »

Cet argument de texte, qui paraît décisif au savant doyen de la Faculté de Caen, ne nous a point convaincu. Le droit accordé à l'héritier bénéficiaire par l'art. 875 dé- rive de ce fait que l'héritier bénéficiaire ne peut être tenu *des dettes du de cujus* au-delà de sa part héréditaire : ses biens personnels sont à l'abri de toutes poursuites des créanciers de la succession, et, « dès qu'il a payé de ses
» deniers le créancier héréditaire au-delà de la part con-
» tributoire ou au-delà de l'émolument qu'il a recueilli,
» on peut dire qu'il a une créance personnelle comme
» celle qui appartiendrait à un étranger, ou comme celle
» qu'il aurait eue originairement lui-même, de son chef,
» contre le défunt (2). » L'art. 875 est une conséquence de la protection accordée à l'héritier bénéficiaire contre

(1) V. Loc. cit., n° 367.

(2) V. Loc. cit., n° 85.

les créanciers de la succession; mais le bénéfice d'inventaire n'altère en rien les rapports des cohéritiers entre eux. On comprend bien que la loi déclare que l'observation de certaines formalités aura pour effet d'empêcher l'héritier d'être personnellement engagé vis-à-vis des créanciers avec lesquels il n'a jamais traité; mais on ne comprendrait pas qu'elle l'affranchît d'une obligation qu'il a volontairement consentie en acceptant le partage auquel il a concouru, contribuant ainsi à la faute ou à l'erreur commune. D'ailleurs, le cohéritier bénéficiaire, s'il subit le trouble ou l'éviction, a recours contre ses cohéritiers; il est donc juste, le cas échéant, que ceux-ci aient contre lui des droits égaux. Enfin, le législateur, qui a su mettre en relief tous les droits qui lui appartenaient, qui prouve encore dans l'art. 875 que, là où une différence doit exister entre l'héritier bénéficiaire et l'héritier pur et simple, il ne manque pas de l'établir, n'a fait aucune distinction dans notre art. 885, *et ubi non distinguit lex, nec nos distinguere debemus.*

CHAPITRE III.

Du Privilége accordé aux Copartageants pour la Garantie des Lots
(ART. 2103, 2109).

L'art. 2103 accorde aux copartageants un privilége pour assurer l'efficacité des droits qui leur sont conférés par l'art. 884. — Art. 2103 : « Les créanciers privilégiés sur les immeubles sont... : 3° les cohéritiers sur les immeubles de la succession pour la garantie des partages faits entre eux, et les soultes ou retours de lots. »

La loi du 11 brumaire an VII ne contenait point ce privilége.

C'est qu'en effet, il est presque un contre-sens dans la loi, en présence de la fiction de l'art. 883, d'après laquelle le partage est déclaratif de propriété. Dès lors que chaque héritier est réputé avoir toujours été propriétaire dés objets tombés dans son lot et être toujours demeuré sans droit sur ceux échus à ses cohéritiers, il est étrange qu'il obtienne une sûreté particulière sur les biens de ceux-ci, du moment même où est reconnu leur droit de propriété préexistant sur cesdits biens. L'équité seule et aussi le désir d'égalité dont nous avons parlé déjà ont autorisé les rédacteurs du Code à introduire dans nos lois cette innovation. Elle n'a, du reste, consisté qu'à reproduire un principe de l'ancien droit, qui, bien qu'admettant « que les partages ne sont pas des actes par lesquels les copartageants acquièrent ou soient censés acquérir les uns des autres (1), » accordait aux copartageants un privilége ou une hypothèque. « Il est certain, dit Lebrun, que la soulte » du partage est privilégiée sur le lot qui doit la soulte (2), » et plus loin, « pour ce qui est de l'hypothèque de cette » garantie, elle est aussi due sans stipulation, et soit que » le partage ait été fait par devant notaire ou sous seing » privé, parce qu'elle a son fondement dans la nature des » partages ou l'égalité, des défauts de laquelle cette garantie résulte, est essentielle... Aussi cette hypothèque » tacite est aujourd'hui un droit constant parmi nous (3). »

(1) Pothier, sur la Vente, n° 631.
(2) Lebrun, Traité des successions, n° 34.
(3) Lebrun, loc. cit., n° 80.

Ce privilége appartient à tous copartageants, quels qu'ils soient, quelle que soit la source dé l'indivision à laquelle le partage vient mettre fin. Cela résulte manifestement de l'art. 2109, qui met sur la même ligne les copartageants et les cohéritiers, et des dispositions générales de l'article 1476 : « Au surplus, le partage de la communauté, pour tout ce qui concerne ses formes, la licitation des immeubles, quand il y a lieu, les effets, du partage, la garantie qui en résulte et les soultes, est soumis à toutes les règles qui sont établies au titre des successions pour les partages entre cohéritiers. » C'est là, en effet, que le législateur a tracé avec le plus grand soin toutes les règles de la matière. Le privilége est une suite du partage, et le principe qui le concerne, pour n'être pas formulé au titre des successions, n'en est pas moins un des principes fondamentaux du partage.

Le privilége, pour la garantie des lots, n'a d'effets sur les immeubles de chaque cohéritier que jusqu'à concurrence de la part pour laquelle chacun est tenu de l'obligation de garantie. Tout droit réel est corrélatif de l'action personnelle, et nous avons vu que l'art. 885 déclare « que chacun des cohéritiers est personnellement obligé, en proportion de sa part héréditaire, d'indemniser son cohéritier de la perte que lui fait subir l'éviction, sauf les modifications qui peuvent résulter de l'insolvabilité de quelques-uns d'entre eux. »

Il se produit dans tous les partages, même dans les partages d'ascendants, qui ne sont, en réalité, qu'un partage anticipé de succession, ayant pour but de régler par avance les droits successifs conférés par la loi ; partage nul, s'il n'est pas fait entre tous les enfants qui existeront à l'époque du décès et les descendants de ceux prédécédés (1078), partage rescindable pour cause de lésion de plus du quart (1079).

Une question des plus controversées est celle de savoir si l'exception à l'art. 2106 qui accorde, dans l'art. 2109, aux copartageants le droit de conserver leur privilége à l'encontre de tous créanciers de leur débiteur, pourvu qu'ils se fassent inscrire dans les soixante jours de l'acte de partage, pour les soultes ou retours de lots et le prix de licitation, doit s'étendre au privilége qui assure la garantie des partages?

Deux systèmes ont été soutenus : les uns prétendent que l'art. 2109, ne rappelant point spécialement le privilége pour garantie des lots, ne peut s'y appliquer; que, par suite, à quelque instant que le copartageant fasse inscrire son privilége de ce chef, il primera tous les créanciers antérieurs de son cohéritier (1). Cette doctrine est le renversement le plus complet du principe de publicité posé par les art. 2106 et 2113. Je ne puis accepter une théorie qui a pour conséquence de tromper en quelque sorte la foi des tiers, puisque telle personne qui croirait prendre une première inscription sur un bien qui paraît libre de toutes charges, verrait après quelques années peut-être toutes ses espérances détruites par l'inscription tardive du privilége d'un cohéritier de son débiteur.

Le second système enseigne que c'est par oubli que l'art. 2109 ne vise pas expressément le privilége accordé aux copartageants pour la garantie des lots; qu'il faut rétablir cette omission (2). D'après ce système, donc, le

____

(1) Delvincourt , t. II, p. 153. En ce sens : Pau , 20 avril 1851. (D., 1851, 1, 144.)

(2) Grenier, t. 2 , n° 403; — Duranton , t. 19, n° 181 et suivants; —

copartageant conserve le privilége pour la garantie du partage « par l'inscription faite à sa diligence dans les soixante jours, à compter de l'acte de partage,..... durant lequel temps aucune hypothèque ne peut avoir lieu sur les biens chargés de la garantie. »

J'adopte, sans hésiter, cette seconde opinion. Il est bien évident que l'art. 2109 est le complément de l'article 2103; l'un ne peut s'expliquer sans l'autre, et les dispositions qui, dans l'art. 2109, sont relatives au mode de publicité, s'appliquent à toutes les hypothèses auxquelles se réfère le privilége, connu sous le nom générique de privilége des copartageants.

La loi du 23 mars 1855 viendrait, au besoin, confirmer cette doctrine. — En effet :

1° Elle accorde, au point de vue du droit de suite, un délai de quarante-cinq jours aux copartageants pour les priviléges à eux conférés par les art. 2103 et 2109; puisque le délai accordé pour leur inscription est le même, lorsqu'il s'agit du droit de suite, c'est qu'il est le même quant au droit de préférence;

2° L'art. 6 de cette loi du 23 mars 1855, en rapprochant les art. 2103 et 2109, nous montre, avec l'autorité qui s'attache à l'œuvre du législateur, que les règles édictées par l'art. 2109 s'étendent à toutes les dispositions de l'article 2103.

Le copartageant doit faire inscrire son privilége au bureau de la conservation des hypothèques dans l'arrondissement duquel sont situés les biens soumis à ce privilége. La con-

Troplong, des Priviléges et Hypoth., n° 291; — Dalloz, v° Priviléges et Hyp., n° 681; — Paul Pont, sur les art. 2106 à 2113, p. 281, n° 290; — Demolombe, n° 368. — En ce sens : Cour de cassation, 12 juillet 1853, affaire Pernot; D., 1853, 1-337.

servation hypothécaire est divisée en autant de bureaux qu'il y a d'arrondissements. L'arrondissement de la Seine seul renferme trois conservations hypothécaires : Paris, Saint-Denis et Sceaux.

Le point de départ des soixante jours de l'art. 2109 varie suivant la nature de l'acte qui a fait cesser l'indivision. Le point de départ sera la rédaction de l'acte de partage lui-même, s'il s'agit d'un partage sous seing privé; l'homologation donnée par le tribunal, si c'est d'un partage judiciaire qu'il est cas; le jour où le procès-verbal de tirage au sort a été dressé, s'il y a eu tirage au sort. Si nous sommes en présence d'un partage d'ascendants, les soixante jours courront du jour de la mort de l'ascendant partageant.

Sous l'empire de l'ancien art. 443 du Code de commerce, le privilége ne pouvait être utilement inscrit dans les dix jours précédant la faillite du débiteur. — La loi de 1838 a apporté à cette règle d'heureuses modifications. Aux termes de l'art. 448, les droits d'hypothèques et de priviléges valablement acquis peuvent être inscrits jusqu'au jour du jugement déclaratif de faillite, sauf la faculté pour les tribunaux de déclarer nulles les inscriptions prises après l'époque de la cessation des paiements ou dans les dix jours qui précèdent, s'il s'est écoulé plus de quinze jours entre la date de l'acte constitutif de l'hypothèque ou du privilége et celle de l'inscription.

Bien plus, je crois que l'art. 448 ne s'applique point à ces priviléges que la loi permet de n'inscrire qu'après un laps de temps déterminé. Cette disposition favorable du Code Napoléon leur crée une position exceptionnelle, à l'abri des atteintes du Code de commerce.—Ce que l'art. 448 veut empêcher, c'est la fraude, c'est la multiplication, au moment de la faillite, des causes de préférence, des inscriptions nouvelles ; il veut atteindre celui qui se fait consentir un droit nouveau ou qui ne donne à son titre qu'une publicité tardive ; mais il ne saurait frapper celui qui a suivi la foi du Code loi lui-même.

Suivant moi, donc, le privilége des copartageants peut toujours être inscrit dans les soixante jours du partage, malgré la faillite du cohéritier garant avant l'expiration de ce délai.

Enfin le privilége, à côté du droit de préférence, donne au créancier au profit duquel il est établi le droit de suite. Je suppose qu'un copartageant aliène les immeubles qu'il a recueillis à la suite du partage, son copartageant peut-il prendre inscription sur ces biens, même après leur aliénation consentie? — Sous l'empire du Code Napoléon, toute inscription devenait impossible du moment même de la vente; on a vainement essayé de soutenir que la transcription était nécessaire pour en arrêter le cours. — Sous l'empire des art. 834 et 835 du Code de procédure, le créancier peut inscrire les droits, à lui consentis avant l'aliénation, non seulement jusqu'au moment de la transcription de la vente, mais encore dans les quinze jours qui la suivent. — Enfin, la loi qui nous gouverne actuellement, la loi du 23 mars 1855, a posé, dans son art. 6, ce principe : que les créanciers privilégiés ou hypothécaires ne peuvent prendre utilement inscription sur le précédent propriétaire à dater de la transcription du contrat de vente; par exception, le même article porte, dans son second alinéa, que « néanmoins le vendeur ou le copartageant pourront utilement inscrire le privilége à eux conféré par les art. 2108 et 2109 du Code Napoléon, dans les quarante-cinq jours de l'acte de vente ou de partage, nonobstant toute transcription d'actes faits dans ce délai. »

L'art. 6 de la loi du 23 mars 1855 ne règle que le droit de suite; le droit de préférence demeure donc entier tant que le copartageant qui l'invoque se trouve dans les délais de l'art. 2109.

Il nous reste une dernière question à examiner, c'est celle de savoir si la cession des droits successifs faite par un cohéritier à son cohéritier donne au cohéritier cédant le privilége du vendeur ou du copartageant, alors que, d'ailleurs, cette cession a pour résultat de faire cesser l'indivision? Deux systèmes absolus se sont produits : le premier, la considérant toujours comme une vente (1); le second, la regardant toujours comme un partage (2). Je préfère le système mixte qui varie dans ses conséquences suivant l'intention présumée des contractants. Ne peut être considéré comme partage, et comme tel accorder le privilége des copartageants et l'action en rescision de l'art. 888, que l'acte qui a pour objet de faire cesser l'indivision; tout acte tendant réellement à ce but doit produire ces résultats (3).

---

(1) Grenoble, 4 janvier 1858 (D., 1855, 2-356); — Toulouse, 14 décembre 1850 (J. P., 1851, 1-465).

(2) Bourges, 26 juillet 1844; Montpellier, 21 décembre 1844 et 27 janvier 1854. V. Paul Pont, n° 291.

(3) Cassation, 21 juin 1845, 29 avril 1845, 10 juin 1845 (D., 1845, 1-257, 379, 377). — Toulouse, 2 janvier 1847 (D., 1847, 2-103).

CHAPITRE IV.

Durée de l'Action en Garantie.

———

En principe, l'action en garantie en matière de partage, comme l'action en garantie en matière de vente, dure trente ans, à dater du jour de l'éviction (art. 2257).

A cette règle, l'art. 886 apporte une exception : « La garantie de la solvabilité du débiteur d'une rente ne peut être exercée que dans les cinq ans qui suivent le partage. Il n'y a pas lieu à garantie à raison de l'insolvabilité du débiteur, quand elle n'est survenue que depuis le partage consommé. »

Ainsi, pendant cinq années, mais pendant cinq années seulement, le cohéritier dans le lot duquel a été comprise une rente, peut demander compte à ses cohéritiers de l'insolvabilité du débi-rentier avant le partage. On a cherché à expliquer cette disposition de la loi, en soutenant que cinq années avaient été considérées comme le délai dans lequel le crédi-rentier devrait évidemment découvrir l'insolvabilité du débiteur de la rente; qu'il lui serait donc facile d'agir avant leur expiration. Si telle avait été la pensée du législateur, pourquoi donc aurait-il accordé, dans tous les autres cas, aux copartageants, trente ans à compter de l'éviction? Pour être logique et conséquent avec lui-même, il aurait dû limiter aussi à cinq années après l'éviction la durée de l'action de l'art. 884; car, l'éviction réalisée, il est tout aussi bien permis au copartageant évincé d'agir en garantie des lots qu'au copartageant qui a reçu une créance mauvaise d'exercer le recours que lui assure l'art. 886.

Nos rédacteurs du Code ont été conduits, par l'examen de l'ancien droit, à édicter ici une règle qui n'a pas de raison d'être. Imbus des théories de Pothier et de Lebrun, fausses sur ce point, il faut bien le dire, ils n'ont pas osé les rejeter franchement, ont cherché à les modifier, et ces modifications mêmes sont en désaccord avec l'esprit de notre législation.

Pothier et Lebrun ne faisaient pas, entre les arrérages de la rente et la rente même, la distinction qui doit être faite et que l'on fait aujourd'hui. Ils n'avaient pas compris que la rente proprement dite c'est le droit aux arrérages, que les arrérages ne sont autre chose que les fruits de la rente; qu'ainsi, le droit d'exiger des arrérages d'un débiteur malheureux, s'il n'assure aucun bénéfice au créancier, n'en constitue pas moins à son profit une véritable rente. C'est ainsi que Pothier disait : « Une rente est » un être successif dont la réalité consiste dans les arré-» rages, qui en courront jusqu'au rachat qui en sera fait; » c'est pourquoi, lorsque par l'insolvabilité du débiteur je » cesse de percevoir les arrérages d'une rente tombée dans » mon lot, je suis censé n'avoir pas encore reçu toute la » chose tombée dans mon lot et n'être pas égal à mes co-» partageants, qui ont reçu tout ce qui est tombé dans le » leur; d'où il suit que, pour rétablir l'égalité, ils doivent » me la parfournir (1). »

Dès lors qu'ils enseignaient que si à une époque quelconque le débi-rentier devenait insolvable, le crédi-rentier n'avait point reçu ce que lui assurait le partage, ils ensei-

_____

(1) Pothier, de la Vente, n° 634.

gnaient aussi qu'une action naissait au profit du crédi-rentier, à l'instant de l'insolvabilité de son débiteur, sans
qu'il y eût à rechercher depuis combien de temps le partage était consommé : « Les copartageants, affirmaient-
» ils, sont garants entre eux de l'insolvabilité des débi-
» teurs des rentes tombées dans leurs lots respectifs, tant
» que la rente subsiste, quand même cette insolvabilité
» ne surviendrait que plus de cent ans après le par-
» tage (1). » — « Dans le cas de cession de rentes entre
» les copartageants ou autres, la garantie de droit est que
» la rente subsiste, qu'elle appartienne au cédant et ne
» soit hypothéquée à autrui. A cet égard, la garantie est
» perpétuelle; et si la rente est exactement payée pen-
» dant un temps considérable et qu'ensuite elle soit con-
» testée comme n'ayant jamais été due, l'action en garantie
» peut être dirigée contre le cédant. — Il faut toutefois
» observer que, du moment que la rente est contestée,
» le copartageant ou le cessionnaire de la rente n'ont que
» trente ans pour poursuivre l'exécution de la garantie (2).»
— On s'efforçait d'échapper par des expédients à ces conséquences, et Lebrun même était d'avis « que l'on ne
» manquât jamais dans les actes de partage de faire un
» forfait des rentes. »

Les rédacteurs de l'art. 886 devaient évidemment admettre que, la rente formant un droit certain indépendamment des arrérages qu'elle produit, le copartageant ne
pouvait se plaindre qu'autant que la rente à lui attribuée
n'existait pas ou que le débi-rentier n'était pas solvable
au moment du partage. — L'art. 886 , fidèle ici aux vrais

(1) Pothier, loc. cit.

(2) Lebrun, des Successions, liv. 4, ch. 1, n° 68.

principes, porte bien, *in fine*, « qu'il n'y a pas lieu à garantie à raison de l'insolvabilité du débiteur, quand elle n'est survenue qu'après le partage consommé. » Mais cela dit, il aurait fallu, pour être logique, donner à l'action née de l'insolvabilité la même durée qu'à l'action née de l'art. 884, trente ans. — Si les rédacteurs ont restreint cette durée à cinq années, c'est que, reportant leur pensée vers les résultats où arrivait la doctrine des anciens auteurs, ils ont prétendu les éviter, et ont oublié que les conséquences qu'ils repoussaient venaient, non de ce fait, que l'action reproduite en l'art. 886 s'exerçait pendant trente années, mais de cette autre circonstance, qu'on ne limitait point l'espace de temps pendant lequel cette action pouvait prendre naissance. En d'autres termes, il semble qu'ils aient un instant confondu l'obligation de garantie et l'action en garantie.

L'art. 886 ne vise que le cas d'insolvabilité du débirentier : — il ne faut donc pas étendre ses dispositions exceptionnelles au cas où la rente même n'existerait pas. Dans cette hypothèse, l'action en garantie pourrait être intentée dans les trente ans, à compter du moment où le défaut d'existence de la rente serait constaté.

Elles ne sauraient non plus s'appliquer à la garantie de l'insolvabilité du débiteur d'une créance.

CHAPITRE V.

Différences entre l'Obligation de Garantie en matière de Vente et l'Obligation de Garantie en matière de Partage.

————

·L'obligation de garantie en matière de vente et l'obligation de garantie en matière de partage ont cela de commun que les mêmes faits qui constituent le trouble ou l'éviction donnant naissance à l'action en garantie en matière de vente, donnent aussi naissance à l'action en garantie en matière de partage ; — que les parties peuvent toujours, dans l'une et l'autre hypothèses, modifier, suivant leur volonté ou leur caprice, la nature, l'étendue de l'obligation à laquelle elles sont soumises ; — que, pour que l'une ou l'autre action puisse être utilement exercée, il importe que le préjudice dont le demandeur réclame là réparation provienne d'une cause antérieure à la vente ou au partage. Enfin, toutes deux se prescrivent, en principe du moins, par trente ans, à dater du jour de l'éviction.

Mais, malgré ces nombreuses et importantes analogies, ces deux obligations de garantie diffèrent entre elles à plus d'un point de vue, ainsi qu'il est facile de s'en convaincre :

1° Elles prennent chacune leur source dans un ordre d'idées particulier. La garantie en matière de vente n'est qu'une suite de la protection que la loi devait accorder à l'acheteur contre la fraude ou l'imprudence du vendeur. La garantie en matière de partage tient essentiellement à l'ordre public, à ce principe fondamental de nos lois civiles qui assure à tous les enfants les mêmes droits à la succession du père de famille, au point que l'on ne s'explique pas qu'il soit permis aux parties de déroger par des conventions aux règles de l'art. 884 ;

2° Le copartageant exerçant l'action en garantie des art. 884 et 2103 du Code Napoléon a privilége pour paiement des sommes qui lui sont accordées. La créance de l'acquéreur triomphant dans son recours en garantie contre son vendeur est toujours chirographaire ;

3° Les défauts cachés de la chose, qui, en matière de vente, permettent à l'acquéreur trompé d'exercer l'action en garantie, d'après les termes précis de l'art. 1641, ne donnent aucune action au copartageant s'ils ne diminuent tellement la chose qu'il en résulte pour lui une lésion de plus du quart : alors il peut demander la rescision du partage (art. 888) (1) ;

4° Dans un contrat de vente, les contractants peuvent convenir, par une clause générale et comprenant toutes les hypothèses, que le vendeur ne sera tenu vis-à-vis de l'acquéreur d'aucune garantie. Nous avons vu que les copartageants, qui prétendent restreindre les effets de l'art. 884, ne le peuvent faire qu'en spécifiant d'une façon expresse le danger qui a motivé la clause restrictive que chacun a acceptée ; d'où une stipulation, conçue en termes généraux, ne saurait valoir en matière de partage et ne pourrait enlever au copartageant troublé l'action que la loi lui confère de son autorité souveraine.

5° La plupart des auteurs soutiennent, contrairement à l'avis que nous avons développé en son lieu, que la seule connaissance par l'acquéreur du danger de l'éviction met

______

(1) Toutefois, *contra* : Demolombe, Traité des successions, t. 5, n° 343.

la chose à ses risques et périls. Il est certain qu'une telle prétention ne saurait être soutenue contre le copartageant troublé ou menacé.

6° Des art. 1693 et 1694, résulte que le vendeur de créances qui répond de l'existence de la créance n'est garant de la solvabilité du débiteur qu'autant qu'il s'y est formellement engagé. L'art. 886 démontre que le législateur a voulu rendre les copartageants responsables les uns vis-à-vis des autres de la solvabilité du débiteur des créances comprises dans leurs lots. Cela s'explique d'autant mieux que les dispositions de l'art. 1694 sont dues à la défaveur avec laquelle la loi voit les cessionnaires de créances avides de gains et de spéculations, tandis que les copartageants procédant le plus souvent à une opération de famille, n'ont d'autre but que d'avoir tous une part égale, une même quantité de chaque nature de biens, ainsi que le leur prescrit d'ailleurs l'art. 832.

7° Suivant nous, une cinquième différence consiste en ce que l'acheteur évincé de la totalité de la chose achetée a toujours droit en principe à la valeur de la chose au moment de l'éviction, tandis que nous croyons qu'en matière de partage il y a lieu de faire une distinction que nous avons développée dans le chapitre II.

8° Enfin, l'acheteur évincé a droit à des dommages et intérêts toutes les fois qu'il justifie d'un préjudice quelconque. Le copartageant ne peut exiger de dommages et intérêts de ses copartageants qu'autant qu'ils ont sciemment mis dans son lot l'objet qui lui a été enlevé, qu'autant qu'ils ont été de mauvaise foi.

POSITIONS.

DROIT ROMAIN.

I. — Le vendeur interrogé par l'acheteur qui réclame la *stipulatio duplæ*, répond affirmativement par un signe de tête, *nutu*, y a-t-il stipulation valable, ou tout au moins obligation naturelle ?

II. — Que décider : 1° si du demandeur et du défendeur dans l'action *publicienne*, le premier a reçu la chose à *non domino* et le second à *vero domino ;* 2° si le demandeur et le défendeur ont tous deux reçu la chose à *non domino ?*

III. — Peut-on concilier la loi 62, § 1., *de Evictionibus,* Dig., liv. 21, tit. 2, et la loi 85, § 5, *de Verborum obligationibus*, Dig., liv. 45, tit. 1 ?

IV. — Peut-on concilier les lois 11 et 31, *de Evictionibus,* Code, liv. 8, tit. 45?

DROIT FRANÇAIS.

I. — L'enfant naturel a droit à la moitié seulement de la portion héréditaire qu'il aurait eue s'il eût été légitime, s'il se trouve en concours sur les biens de son père ou de sa mère avec les enfants d'un frère ou d'une sœur prédécédé du *de cujus.*

II. — L'époux qui profite seul, par le fait de survie, d'une rente viagère constituée par l'aliénation d'un capital de la communauté, avec clause de reversibilité sur la tête du dernier survivant, doit récompense à la communauté.

III. — L'aliénation de la chose léguée, quand elle n'émane pas du testateur, ne peut valoir comme révocation du legs; mais elle emporte extinction de ce legs par la perte de la chose qui en est l'objet, si cette aliénation a une cause légale : si, par exemple, après interdiction du testateur, elle a été faite par son tuteur avec l'observation de toutes les formalités prescrites par la loi pour l'aliénation des biens des interdits (1038 et 1042).

IV. — L'époux qui aliène un usufruit à lui propre ne prélèvera, lors de la dissolution de la communauté, qu'une partie du prix de vente proportionnée à la valeur de cet usufruit au moment de la dissolution de la communauté.

V. — Le mandat tacite n'est pas proscrit par le Code Napoléon. La question de savoir quand il existe est une question de fait.

VI. — Le privilége du copartageant pour soultes ou retours de lots ne porte que sur les biens grevés de la soulte.

VII. — L'enfant né plus de trois cents jours après la dissolution du mariage doit être déclaré illégitime si sa filiation est contestée.

VIII. — La fin de non-recevoir de l'art. 269, Code Napoléon, est opposable à la femme demanderesse en séparation de corps.

PROCÉDURE CIVILE.

La surenchère du sixième est recevable même après vente sur folle-enchère.

DROIT COMMERCIAL.

I. — La preuve testimoniale n'est pas admissible en droit commercial contre et outre le contenu aux actes.

II. — L'acte séparé, nécessaire pour convertir en prescription de 30 ans la prescription de 5 ans de l'art. 189 du Code de commerce, doit être un acte emportant novation, et suffisant à lui seul pour servir de titre au créancier.

DROIT ADMINISTRATIF.

I. — La disposition prohibitive de l'art. 11 de la loi du 21 avril 1810 ne peut être invoquée par le propriétaire des habitations ou enclos murés, en cas d'inobservation de la distance de cent mètres prescrite pour les recherches, alors que les tiers prétendent les effectuer dans un terrain qui ne lui appartient pas.

II. — L'office, attribué gratuitement par l'état à l'homme qui, marié sous le régime de la communauté, a déclaré conserver la propriété exclusive des biens qui lui adviendraient par donation ou par voie héréditaire, ne tombe pas en communauté.

René BRICE.

Vu :

Le Doyen, Th. BIDARD.

Vu et permis d'imprimer :

Pour le Recteur empêché :

L'Inspecteur d'Académie délégué, BAYAN.

ERRATA.

DROIT ROMAIN.

Page 25, quinzième ligne, après ces mots : Je ne pourrai réclamer à mon vendeur que le cinquième du prix de vente, lisez :

N'y a-t-il donc point antinomie entre la décision de Papinien sur ce point et la solution par lui donnée dans une autre espèce que j'ai exposée au commencement de la seconde partie de ce chapitre? La loi 64 met en présence deux hypothèses distinctes. Ici, elle suppose que l'acheteur, après une première perte à lui causée par le fleuve, subit une éviction *pro indiviso ;* immédiatement après, nous l'avons vu, elle examine le cas où, au lieu d'une éviction partielle, c'est une éviction totale qu'il lui faut supporter; puis, tandis que, dans la première espèce, elle met la perte par cas fortuit à la charge de l'acheteur, suivant du reste les principes généraux du droit (1), elle l'impose au vendeur dans la seconde... Les raisons de décider dans l'un et l'autre cas ne sont-elles pas les mêmes et ne doit-on pas dire que, dans les deux hypothèses, la perte doit incomber à la même personne ?

Pothier l'a ainsi pensé (2). — Dumoulin, admettant un avis contraire, motive ainsi son opinion : « *Ratio autem differentiæ* » *et conciliationis est duplex. Prima, quia parte etiam indivisa* » *residui evicta, non verificantur verba stipulationis nisi pro* » *parte residui, et sic non potest committi, nisi pro ea parte,* » *scilicet residui tantum, non autem totius : quia ejus quod* » *periit, nihil per evictionem aufertur. Et ex quo formula sti-*

____

(1) Loi 39, de Solutionibus, D., liv. 46, tit. 3.

(2) Traité du contrat de vente, n° 156.

» *pulationis semel limitatur ad partem, necesse est, ut limitetur*
» *ad partem realiter et per evictionem ablatam; toto vero residuo*
» *jure et nomine totius evicto, verba stipulationis verificantur*
» *in toto, quia totum residuum est totus fundus, et totus evin-*
» *citur : igitur in totum stipulatio committitur, non deducto*
» *quod prius periit (1).* »

Cette dernière doctrine nous semble, quant à nous, préférable. En effet, d'une part, ainsi que le fait parfaitement remarquer Dumoulin, la stipulation n'est commise que pour la partie véritablement enlevée à l'acheteur ; d'autre part, pour savoir quelle est l'importance de cette partie enlevée, il faut se reporter au moment même de la stipulation. Or, si l'éviction *pro indiviso* que subit l'acheteur est en réalité du quart du terrain qu'il possède encore, il n'en est pas moins vrai qu'elle ne s'élève pas au dessus de deux cents arpents, et que, si l'on se reporte à l'instant du contrat, ces deux cents arpents ne forment que le cinquième du tout, d'où la stipulation n'a pu être commise que pour un cinquième. — L'éviction, au contraire, est-elle totale ? le revendiquant, qui a triomphé, a-t-il soutenu et démontré qu'il était propriétaire du fonds vendu dans son intégralité, c'est encore au moment de l'éviction qu'il faut se placer pour rechercher l'indemnité due ; et, comme l'acheteur a subi l'éviction pour l'objet de la vente dans son entier, la stipulation est forcément commise pour le tout.

Page 12, au lieu de Ducauroy, lisez Ducaurroy ; — au lieu de Zimern, lisez Zimmern.

Page 40, au lieu de III, lisez II.

Page 53, au lieu de I, lisez II.

____

(1) De eo quod interest, n° 118.

TABLE DES MATIÈRES.

DROIT ROMAIN.

CHAPITRE Ier.

I. — Le vendeur, en droit romain, doit *præstare aucto-*
ritatem.. 1

II. — L'obligation de garantie n'est pas de l'essence de la
vente... 4

III. — De la *stipulatio duplæ*. Des différentes cautions qui
pouvaient accéder au contrat....................... 5

CHAPITRE II.

1. — Examen de sept hypothèses dans lesquelles il peut
y avoir lieu à éviction............................ 8

II. — L'existence sur le fonds vendu *ut optimus maxi-*
musque d'une servitude non déclarée à l'acheteur,
— ou la privation d'un droit promis constitue
une sorte d'éviction............................... 13

CHAPITRE III.

I. — Deux actions appartiennent à l'acheteur : l'action *ex*
stipulatu et l'action *ex empto*. — Conditions dont
la réunion est nécessaire pour que l'acheteur puisse
agir *ex stipulatu*................................ 15

II. — Le vendeur à qui l'acheteur a dénoncé la contestation doit prendre fait et cause pour l'acheteur.... 20

CHAPITRE IV.

I. — De l'action *ex stipulatu;* — sa nature; — diverses hypothèses dans lesquelles il est permis d'y recourir..................................... 22

II. — Bénéfices que l'action *ex stipulatu* assure à l'acheteur. — Eviction totale......................... 23

Eviction partielle....................... 24

III. — De l'action *ex empto*........................... 27

CHAPITRE V.

I. — L'acheteur ou ses héritiers universels peuvent agir contre le vendeur ou contre ses héritiers......... 31

II. — L'obligation de garantie est-elle indivisible?....... 31

III. — *Quid* de l'exception de garantie?................. 35

IV. — Comment l'obligation de garantie prend-elle fin?.. 35

CHAPITRE VI.

DE LA GARANTIE DES DÉFAUTS DE LA CHOSE VENDUE.

I. — Le vendeur est garant des vices et défauts cachés de la chose vendue. — Actions qui, de ce chef, appartiennent à l'acheteur.......................... 36

II. — De l'action *ex stipulatu*, — des actions *redhibitoria* et *quanti minoris*, — action *ex empto*.......... 40

III. — Modifications que les parties peuvent apporter à cette obligation.............................. 44

CHAPITRE VII.

De la garantie en matière de partage.............. 48

DROIT FRANÇAIS.

CHAPITRE Iᵉʳ.

I. — Le vendeur est tenu de droit à garantir contre l'é-
viction 51

II. — Dans quels cas l'éviction donne-t-elle lieu à garantie? — Distinctions, suivant qu'elle est l'œuvre
du vendeur ou qu'elle provient du fait d'un tiers. 54

Le donataire peut-il voir la donation à lui faite résolue par une loi postérieure à la donation, et le
cas échéant, est-il soumis au recours en garantie
de l'acheteur auquel il a vendu la chose donnée?. 58

Le vendeur étranger d'un immeuble ou d'un meuble
situé en France est-il soumis aux dispositions de
l'art. 1626? 60

Quid? 1° Si l'acquéreur est évincé par l'effet d'une
prescription commencée avant la vente........... 63

2° Si un créancier du vendeur met une surenchère
sur le prix de vente................................... 65

3° Si un véritable propriétaire qui a triomphé dans
une action en revendication, intentée contre l'a-
cheteur, néglige de mettre son jugement à exécution ou le laisse tomber en péremption 67

4° Si l'acheteur s'est porté tel, à la suite de la vente
par licitation, d'un immeuble impartageable..... 69

5° Si l'acheteur, évincé, a acquis l'immeuble dont il
est dépouillé à la suite d'une vente sur saisie immobilière et a déjà compté aux saisissants le prix
de l'adjudication.. 69

III. — Modifications que les parties peuvent apporter au
principe de l'art. 1626................................. 74

La seule connaissance du danger de l'éviction emporte-t-elle dans notre droit clause de non garantie?... 77

CHAPITRE II.

I. — L'action en garantie est indivisible............... 81
II. — Un second acheteur peut poursuivre le premier vendeur, *omisso medio*........................... 84
III. — Tribunal compétent pour connaître de l'action en garantie.. 85
IV. — Délais pour l'intenter........................... 89
V. — De la garantie simple; — de la garantie formelle... 92

CHAPITRE III.

I. — L'exception de garantie est-elle opposable :
1º Aux héritiers du vendeur..................... 98
2º Aux légataires universels ou à titre universel.... 101
3º Aux donataires universels ou à titre universel... 105
4º Au mineur qui, devenu héritier de son tuteur, revendique ses biens vendus par celui-ci sans l'observation des formalités légales............... 110
5º A l'appelé qui, héritier du substitué, demande la nullité de la vente faite par celui-ci des biens grevés de substitution........................ 111
6º A la caution qui prétend faire annuler la vente de sa propre chose, aliénée par le vendeur dont elle a garanti l'obligation........................ 112
7º A la femme commune revendiquant son immeuble propre que son mari a vendu sans son consentement... 113
8º A la femme revendiquant l'immeuble dotal qu'elle a aliéné en dehors des cas prévus par les art. 1557

et 1558, C. Nap., avec promesse formelle de garantie.. 114
II. — L'exception de garantie est indivisible............ 117

CHAPITRE IV.

DE L'ÉTENDUE DE LA GARANTIE.

I. — Eviction totale................................... 124
II. — Eviction partielle............................... 147

CHAPITRE V.

GARANTIE DES CHARGES NON DÉCLARÉES.

I. — Le vendeur est garant des charges non déclarées... 150
II. — Des clauses de style insérées dans les contrats...... 154

CHAPITRE VI.

GARANTIE DES DÉFAUTS DE LA CHOSE VENDUE.

I. — Vices rédhibitoires chez les animaux; droits de l'acquéreur sous l'empire du Code Napoléon........ 157
II. — Loi du 20 mai 1838.............................. 164
III. — Les art. 1641 et suivants sont applicables à toutes choses mobilières ou immobilières.............. 168

CHAPITRE VII.

GARANTIE EN MATIÈRE DE VENTE DE CRÉANCES ET D'HÉRÉDITÉS.

I. — Le vendeur garantit l'existence de la créance vendue. 173
II. — L'art. 1693 est-il applicable en matière commerciale? 175
III. — Dérogations possibles à l'art. 1693................ 177
IV. — Le vendeur d'hérédités est garant de sa qualité d'héritier.. 178

De la Garantie en matière de Partage.

CHAPITRE Ier.

I. — Les copartageants sont garants les uns envers les autres de tous troubles et évictions procédant d'une cause antérieure au partage.................. 179
II. — L'obligation de garantie s'applique à tous partages, soit à l'amiable, soit judiciaires................ 183
III. — Cette obligation peut être modifiée par les parties... 184

CHAPITRE II.

DES EFFETS ET DE L'ÉTENDUE DE L'OBLIGATION DE GARANTIE.

I. — Qu'obtient-on par l'action en garantie?—Examen et réfutation des systèmes généralement enseignés.. 186
II. — Par qui doit être supportée l'indemnité accordée au copartageant évincé? — L'héritier bénéficiaire est-il tenu de l'obligation de garantie sur ses biens personnels?.................................. 192

CHAPITRE III.

Privilége accordé aux copartageants pour la garantie des lots.. 194

CHAPITRE IV.

Durée de l'action en garantie.......................... 202

CHAPITRE V.

Différences entre l'obligation de garantie en matière de vente et l'obligation de garantie en matière de partage........ 206

Rennes, typ. Oberthur.